A B C

MUSICAL

PAR A. PANSERON.

Tout exemplaire de cet ouvrage, non revêtu de ma griffe, sera réputé contrefait.

MUSIQUE

IMPRIMÉE PAR LES PROCÉDÉS D'EUGÈNE DUVERGER,

RUE DE VERNEUIL, N° 4.

A B C

MUSICAL

Dédié aux Mères de Famille

OU

SOLFÉGE

COMPOSÉ TOUT EXPRÈS POUR SA PETITE FILLE

PAR

A. PANSERON

Professeur de Chant au Conservatoire de Musique.

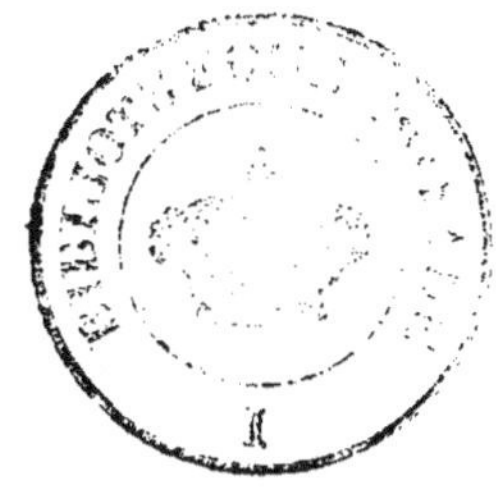

PARIS

L. HACHETTE,

LIBRAIRE DE L'UNIVERSITÉ ROYALE DE FRANCE,

Rue Pierre-Sarrazin, nᵒ 12.

CHEZ L'AUTEUR,

RUE RICHELIEU, Nᵒ 95.

CHEZ TOUS LES MARCHANDS DE MUSIQUE.

M DCCC XLI

servatoire royal
DE MUSIQUE.

Paris, ce 10 *août* 1840.

Monsieur,

J'ai lu attentivement les épreuves de votre *A B C musical*, et je reconnais avec plaisir que les mères de famille qui, dans leur jeunesse, se sont occupées de musique, pourront à l'aide de ce petit Solfége commencer leurs enfants. Vous avez bien fait de vous imposer la loi de ne point dépasser le *ré*, quatrième ligne de la clef de *sol*, l'apogée de la voix de cet âge; les maîtres pourront donc sans danger, et sans craindre de fatiguer le larynx, faire solfier votre ouvrage.

Cet A B C musical joint au mérite d'être aussi élémentaire et facile que le demandait sa destination celui d'être encore très mélodieux.

C'est, Monsieur, un nouveau service dont l'art vous sera redevable.

Recevez, je vous prie, l'assurance de ma parfaite considération.

L. Cherubini,
Membre de l'Institut.

Paris, le 15 *octobre* 1840.

Mon cher Panseron,

L'Académie, en me faisant parvenir le manuscrit de ton *A B C musical*, m'a chargé de lui faire un rapport sur cet ouvrage; je l'ai lu avec le plus vif intérêt, et je ne peux que te féliciter d'avoir eu une aussi heureuse pensée et de l'avoir aussi bien mise en œuvre ; car, malgré le mérite bien reconnu de ton excellent *Traité de Vocalisation*, ton dernier livre vient de nous apprendre qu'il y manquait une chose indispensable, surtout dans tout ouvrage élémentaire, c'est-à-dire un *exorde* avant d'entrer en matière, et celui-ci remplit parfaitement cette fonction.

Mais ce dont je te loue particulièrement, est d'avoir eu la pensée d'écrire toutes les leçons dans un diapason restreint et qui ne peut fatiguer l'organe vocal des jeunes enfants par sa trop grande étendue, surtout dans les cordes hautes de la voix, ce qui se rencontre très fréquemment dans tous les Solféges en usage. Cette pensée est excellente et toute paternelle; il est donc naturel qu'elle ait pris naissance dans l'âme de Panseron, que son vieux professeur félicite de nouveau et embrasse de tout son cœur.

H. Montan-Berton,
Membre de l'Institut.

---

servatoire royal
DE MUSIQUE.

Bruxelles, le 12 *septembre* 1840.

Monsieur,

J'ai lu avec attention l'ouvrage élémentaire intitulé : *A B C*, etc., que vous avez soumis à mon examen; je me suis pénétré de l'objet que vous vous proposiez, et j'ai acquis la conviction que la marche simple et progressive que vous avez suivie atteindra complétement le but de rendre plus facile aux enfants la première instruction des principes de la musique, de ne point fatiguer leur organe vocal, et de donner aux mères de famille un guide sûr pour qu'elles puissent diriger elles-mêmes les progrès de leurs enfants. Je vous félicite, Monsieur, sur ce travail, dont le succès me paraît certain, et qui est un nouveau service rendu par vous à l'art.

Agréez l'assurance de ma parfaite considération.

Fétis,
Maître de chapelle du Roi, directeur du Conservatoire royal de Musique.

INSTITUT DE FRANCE.

ACADÉMIE ROYALE DES BEAUX ARTS.

Paris, le 12 novembre 1840.

Le Secrétaire perpétuel de l'Académie certifie que ce qui suit est extrait du procès-verbal de la séance du samedi 7 novembre 1840.

RAPPORT FAIT A L'ACADÉMIE DES BEAUX-ARTS, AU NOM DE LA SECTION DE MUSIQUE, SUR UN NOUVEL OUVRAGE DE M. AUGUSTE PANSERON, AYANT POUR TITRE A B C MUSICAL.

MESSIEURS,

Le 12 octobre 1839 j'ai eu l'honneur de présenter à l'Académie, au nom de la section de musique, un rapport sur la méthode complète de chant composée par M. Panseron. Les conclusions de ce rapport étaient toutes favorables à cet intéressant ouvrage, et l'Académie leur a accordé son honorable approbation. Depuis, M. Panseron, en véritable artiste, a pensé que ce n'était pas assez d'avoir bien fait, qu'il fallait chercher à faire mieux encore. Nous croyons qu'il a atteint ce but dans son nouvel ouvrage. En effet, puisque la musique est un idiome particulier, on doit commencer par faire connaître aux élèves l'alphabet particulier dont on forme son langage, et c'est ce que l'auteur a fait avec une lucidité parfaite, même pour les plus jeunes enfants; aussi a-t-il donné pour titre à son livre A B C MUSICAL. Cet opuscule peut être considéré comme la préface ou l'exorde de sa Méthode de chant. Mais ce dont on ne saurait trop le louer, c'est d'avoir, dans l'intérêt hygiénique de l'organe vocal chez les jeunes enfants, composé une série de leçons progressives dans un diapason très restreint, dont la plus grande extension ne passe presque jamais le parcours d'une octave et rarement d'une dixième, en partant de *do* ou *ut* grave. C'est un grand service rendu à la jeunesse studieuse dont on fatiguait et brisait souvent le frêle organe en lui faisant *crier* les leçons de nos meilleurs solféges, qui, en général, ne sont écrites que pour des voix formées. Cette idée de l'auteur nous semble être, si l'on peut s'exprimer ainsi, une idée philanthropique; c'est celle d'un bon père de famille mise en œuvre par un habile théoricien.

Nous pensons donc, Messieurs, que l'Académie fera encore une chose juste et profitable à l'art musical en accordant son encourageante approbation aux conclusions de notre rapport.

Signé à la minute : *Cherubini, Auber, Halevy, Carafa* et *Berton*, rapporteur.

Certifié conforme :

Le Secrétaire perpétuel de l'Académie royale des Beaux-Arts,

RAOUL-ROCHETTE.

PRÉFACE.

L'auteur de cet ouvrage ayant eu l'honneur de le voir adopter par M. le ministre de l'Instruction publique pour toutes les écoles primaires et normales, a jugé nécessaire d'établir une seconde édition à meilleur compte que la première dont chaque exemplaire est marqué **25 fr.** Pour arriver à ce résultat, il a employé le système typographique de l'imprimerie Duverger, et retranché de cette deuxième édition, l'accompagnement en sorte que dans les classes et écoles mutuelles, le professeur devra se servir de la grande édition qui contient l'accompagnement, et les élèves devront chacun tenir à la main la petite édition dont l'exemplaire est de **2 fr. 50 c.**, prix net.

Les résultats satisfaisants obtenus depuis 8 mois auprès

des jeunes élèves par l'emploi de l'A B C musical, ont nécessité la publication de la suite de cet ouvrage qui vient
de paraître chez Hachette, libraire, chez tous les marchands de musique et chez l'auteur, 95, rue Richelieu.
Ces deux petits ouvrages forment un premier cours com-
plet de lecture musicale, puisque, parcourant également
la clef de *sol* et celle de *fa*, les élèves, après les avoir étu-
diés, seront en état de lire toute musique de chant ou de
piano.

A B C

MUSICAL.

On nomme *Portée* les cinq lignes sur lesquelles on écrit la musique.

Figure de la portée :

5e ligne.	
4e ligne.	4e interligne.
3e ligne.	3e interligne.
2e ligne.	2e interligne.
1re ligne.	1re interligne.

Le signe placé au commencement de la *Portée* se nomme *Clef;* il donne son nom à la note placée sur la même ligne.

On emploie sept syllabes pour épeler les notes.

Nom des notes :

DO[1], ou UT, RÉ, MI, FA, SOL, LA, SI.

EXERCICES PROGRESSIFS SUR L'APPELLATION DES NOTES.

(1) Autrefois les Français en solfiant disaient *ut;* il est mieux de solfier comme les Italiens et de prononcer *do,* cette syllabe est plus douce.

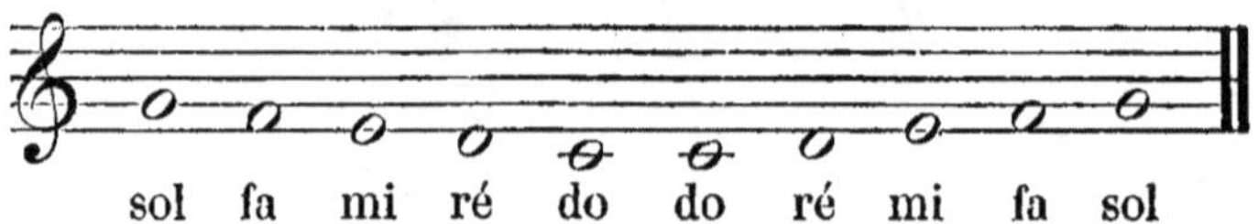

RÉSUMÉ.

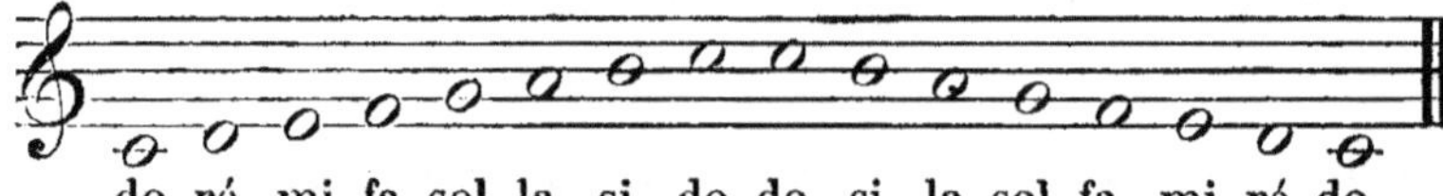

Ce résumé forme ce que nous nommons la gamme.

Faites battre la mesure à 2 temps.

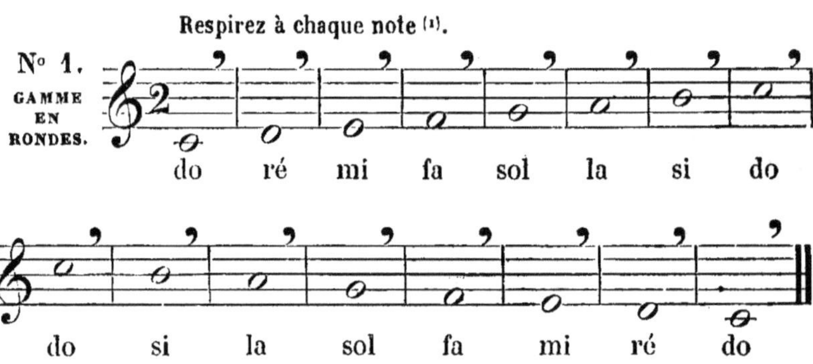

Les notes n'ont pas toujours la même figure.

Exemple:

Ces figures indiquent les diverses valeurs.

(1) Les virgules indiquent les respirations. — J'engagerai le professeur à faire bien battre la mesure à l'élève. — Appliquez-vous à la parfaite justesse.

RAPPORT DES FIGURES.

TABLEAU DES VALEURS.

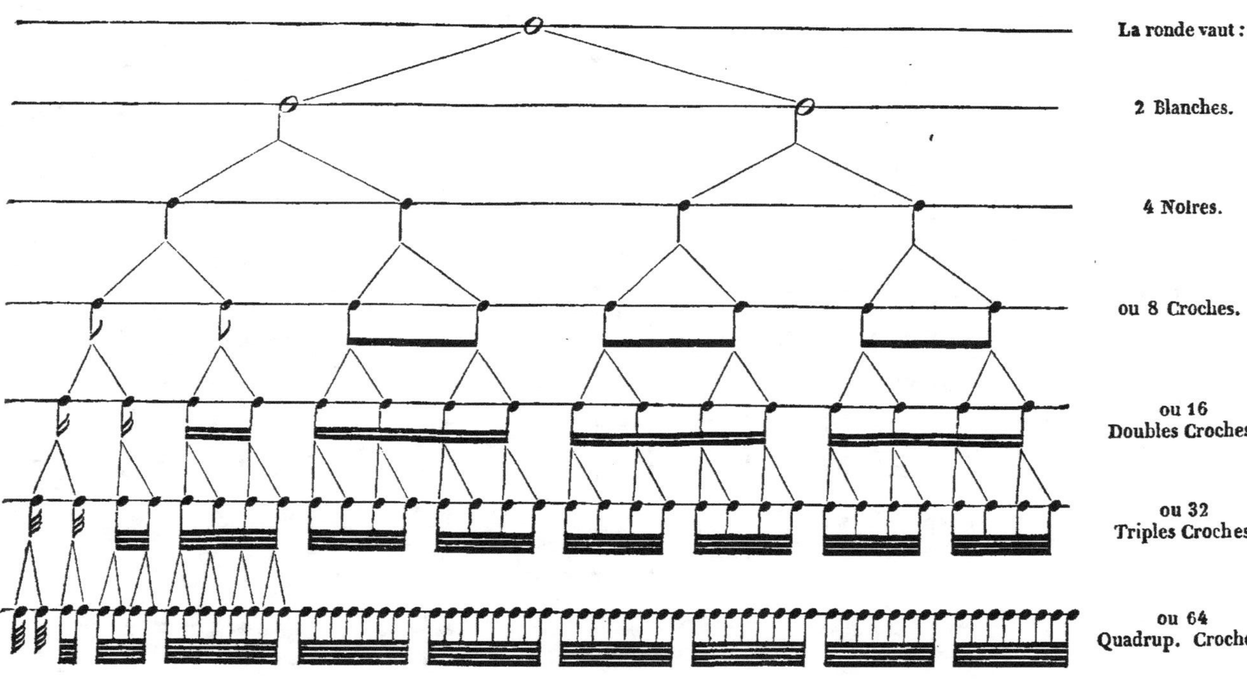

SUBDIVISIONS.

ÉQUIVALENTS DE LA BLANCHE.

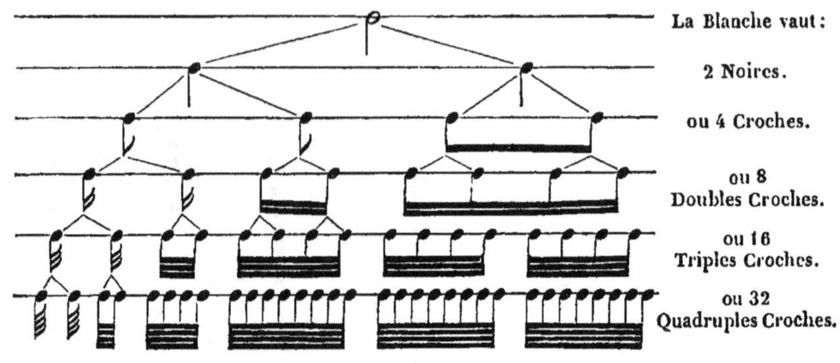

ÉQUIVALENTS DE LA NOIRE.

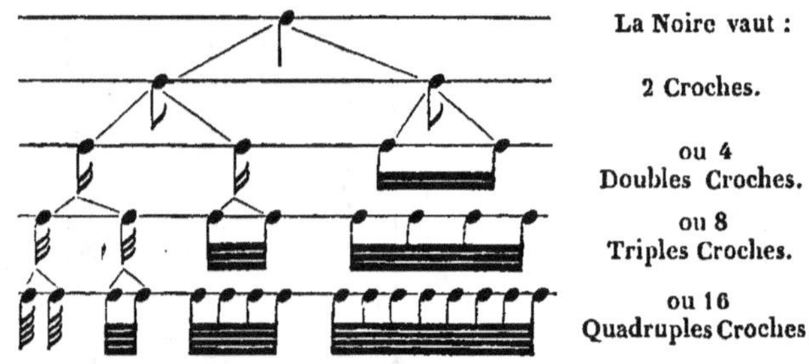

ÉQUIVALENTS DE LA CROCHE ; DE LA DOUBLE CROCHE ; DE LA TRIPLE CROCHE.

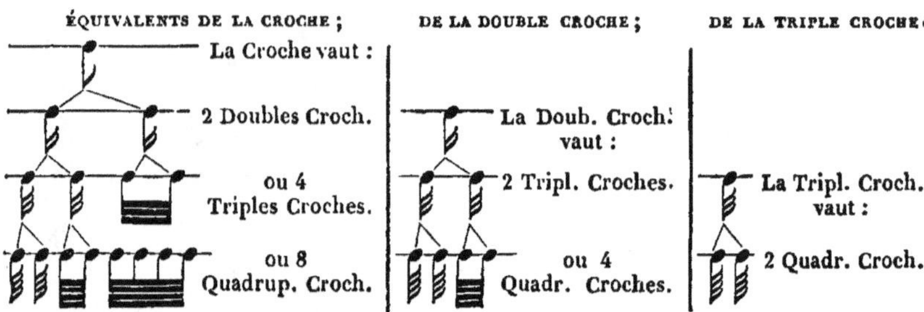

Faites étudier toutes ces valeurs avec beaucoup de soin, surtout les divisions et les subdivisions; on n'applique pas assez les élèves à ces difficultés.

Si l'élève a quelques dispositions aux calculs, on pourra exercer son esprit en lui préparant des exercices et des questions sur les combinaisons des notes et des silences. Cependant il ne faudra ni le fatiguer ni l'ennuyer sur ce travail. Je conseillerai à la mère de famille ou au professeur, d'essayer quelquefois, au milieu des leçons du solfége, de revenir à tous ces principes, car il ne suffit pas de les avoir sus, il faut souvent les repasser pour qu'ils soient bien casés dans la tête.

EXERCICES PROGRESSIFS SUR L'APPELLATION DES NOTES.

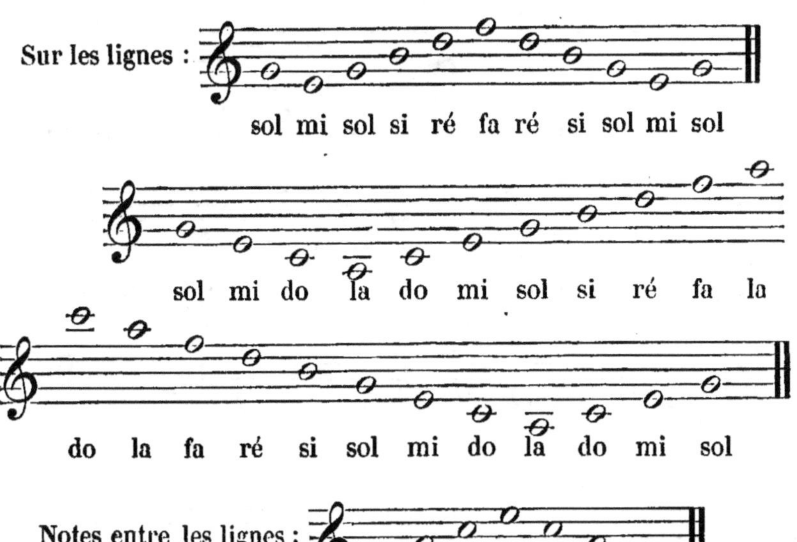

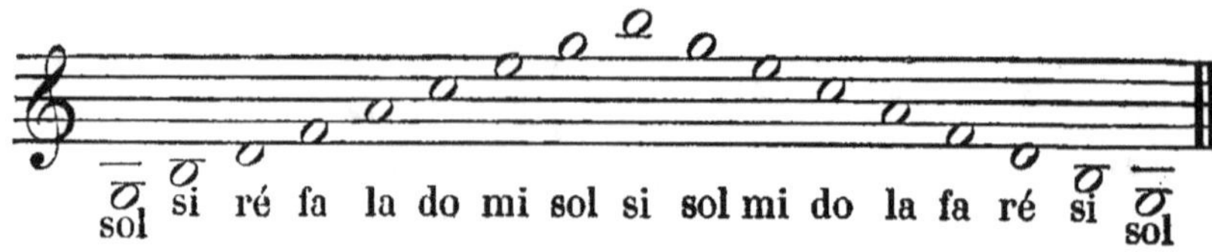

RÉSUMÉ.

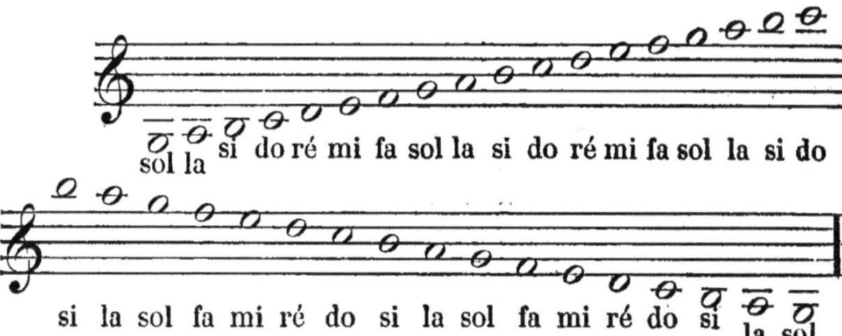

Dès que l'enfant pourra articuler le nom des notes, habituez-le à prononcer ces exercices.

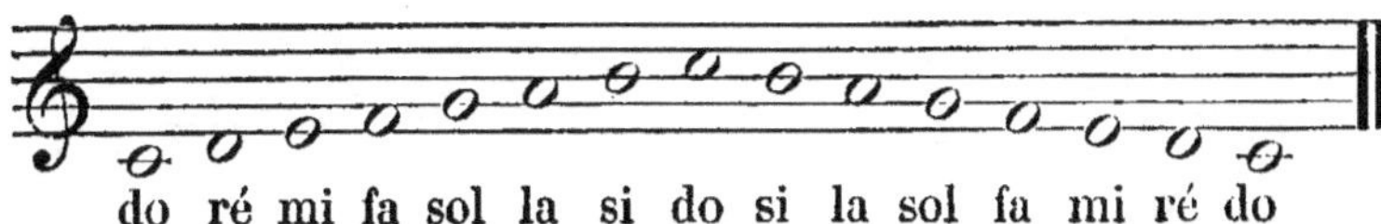

Faites prononcer ces petits exercices, d'abord lentement et distinctement, puis graduellement jusqu'à la plus grande vitesse.

Il en résulte que le nom des notes ayant été fixé, on continue toujours la série DO, RÉ, MI, FA, SOL, LA, SI. Cette série de 7 sons se complète par l'addition du 1er son ; mais à 7 degrés de distance, ce qui fait 8 sons ou une octave.

Il sera fort utile d'exercer les enfants à prononcer par cœur, et vite, le nom des notes de toutes ces octaves.

En montant.								En descendant.						
DO	RÉ	MI	FA	SOL	LA	SI	DO		DO	SI	LA	SOL	FA	MI	RÉ	DO
RÉ	MI	FA	SOL	LA	SI	DO	RÉ		RÉ	DO	SI	LA	SOL	FA	MI	RÉ
MI	FA	SOL	LA	SI	DO	RÉ	MI		MI	RÉ	DO	SI	LA	SOL	FA	MI
FA	SOL	LA	SI	DO	RÉ	MI	FA		FA	MI	RÉ	DO	SI	LA	SOL	FA
SOL	LA	SI	DO	RÉ	MI	FA	SOL		SOL	FA	MI	RÉ	DO	SI	LA	SOL
LA	SI	DO	RÉ	MI	FA	SOL	LA		LA	SOL	FA	MI	RÉ	DO	SI	LA
SI	DO	RÉ	MI	FA	SOL	LA	SI		SI	LA	SOL	FA	MI	RÉ	DO	SI

A B C MUSICAL.

EXERCICES DE LECTURE.

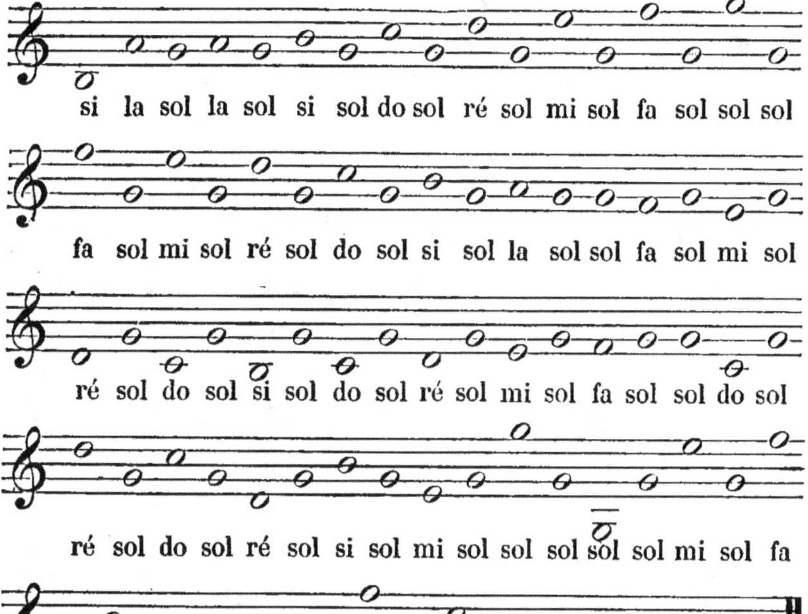

Après ces exercices, obligez l'élève à trouver le nom des notes dans le Solfége.

Servez-vous de la main comme d'une portée, et faites étudier l'enfant sur votre main et sur la sienne ; désignez-lui l'annulaire, ou quatrième doigt, comme représentant la ligne ou est posée la clef de sol ; il résulte, par ce procédé, que dans tous les moments de la journée la mère de famille peut, sans livre et sans piano, faire travailler son élève.

On donnera à l'élève une ardoise avec des portées musicales, ou bien une feuille de papier de musique, et on lui dira d'écrire telle ou telle note afin de les reconnaître ; il faut au-dessus des notes lui faire mettre le nom.

A B C MUSICAL.

Prenez un mouvement convenable et commode à l'élève pendant tous ces exercices.

Faites ces exercices lentement et respirez à chaque mesure.

(1) Défiez-vous de l'intonation de quarte augmentée, elle est très difficile; soignez en la justesse.

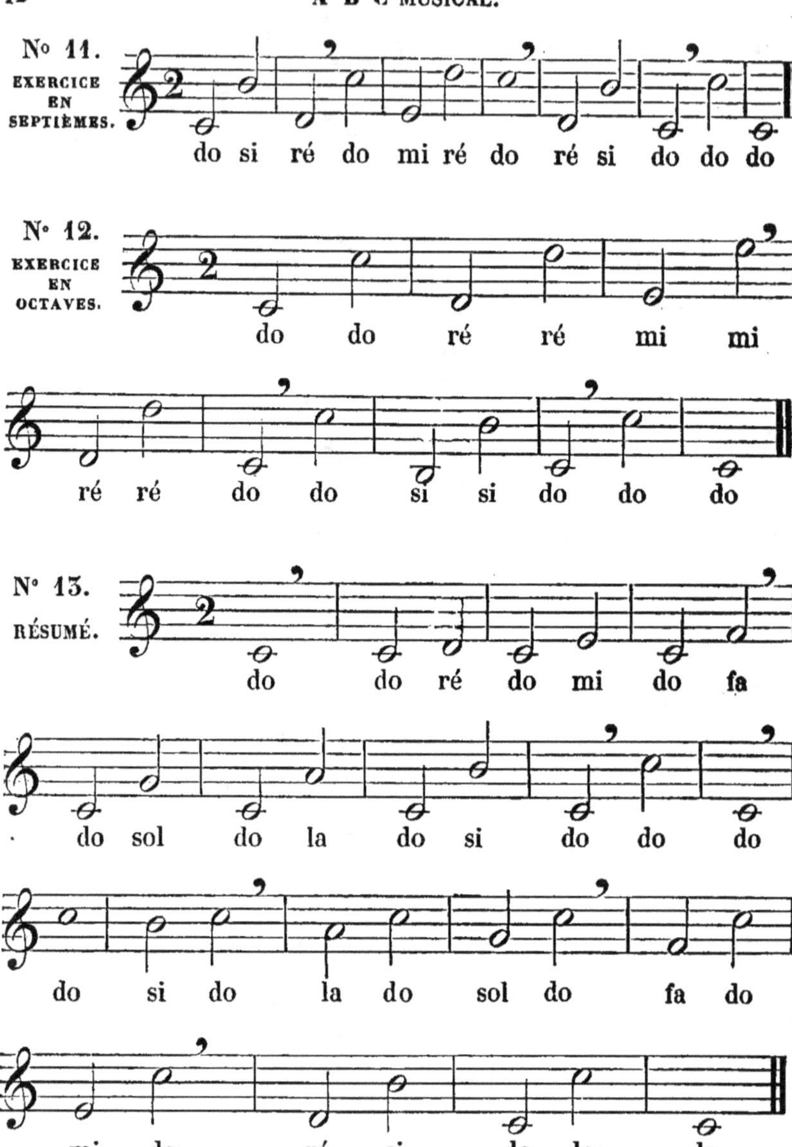

On ne saurait être trop rigoureux sur l'exactitude de la mesure ; je ne tiens pas à ce que les temps soient très grands, mais je tiens à ce qu'ils soient extrêmement exacts.

DES SILENCES.

Les silences servent à indiquer les repos qui se mêlent aux notes; ils sont d'une durée égale à celle des notes; on les nomme :

COMPARAISON DES VALEURS ET DES SILENCES.

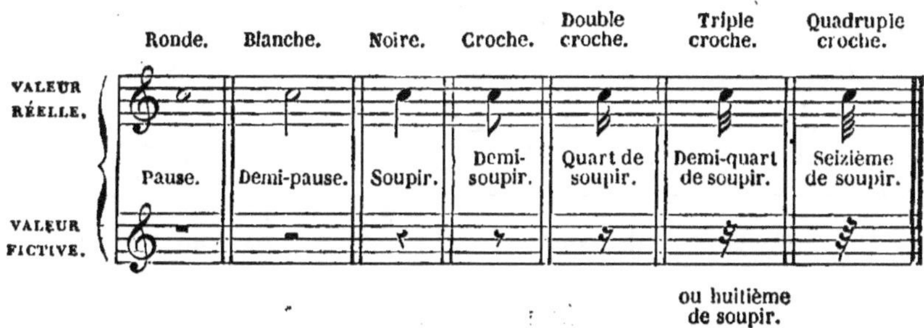

La relation des silences est la même que celle des notes.

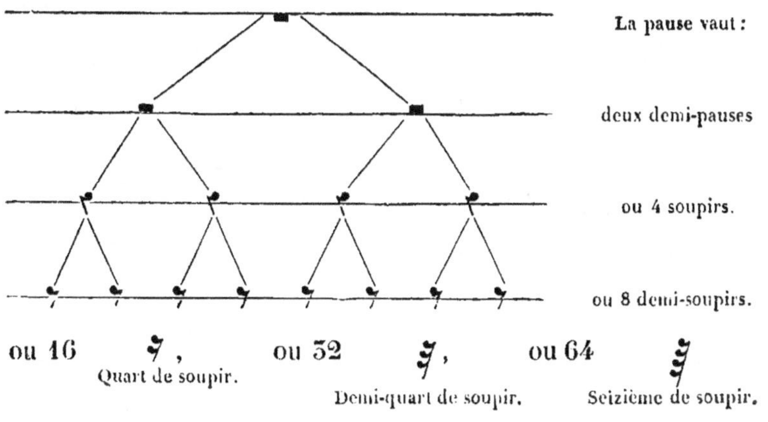

PREMIÈRE LEÇON AVEC LE NOM DES NOTES.

N° 14.
LEÇONS
EN
BLANCHES.

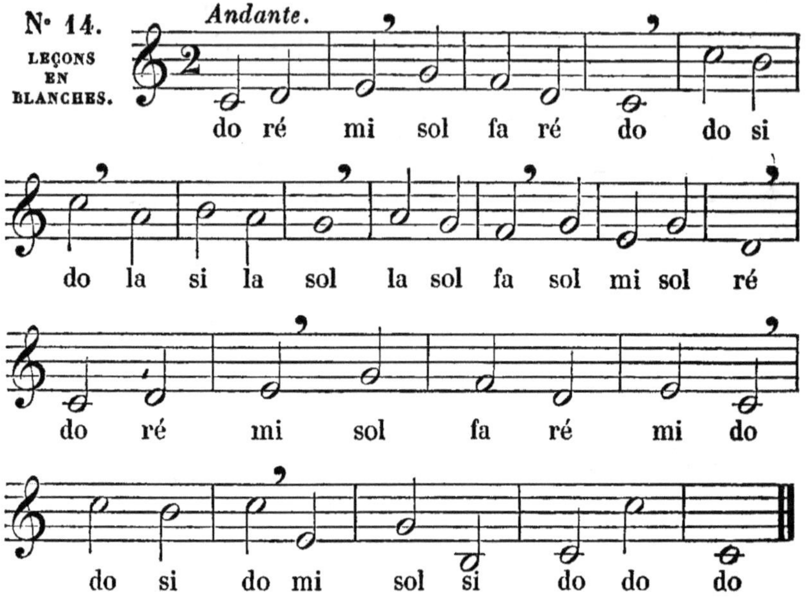

Les élèves qui battent la mesure avec négligence sont exposés à n'avoir point d'exactitude ; ils retardent ou pressent ; au lieu que la rectitude habitue de bonne heure à un rhythme parfait.

N° 15.

FIGURE D'UNE OCTAVE DE PIANO
DE LA GAMME D'UT.

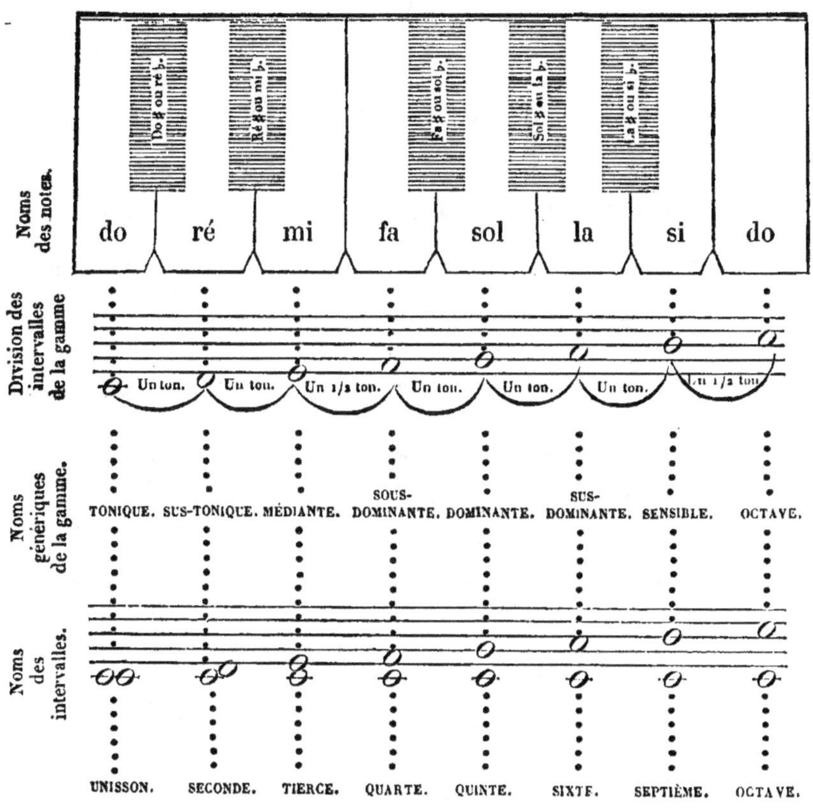

DES DEMI-TONS.

Il existe deux espèces de demi-tons :
Le demi-ton diatonique et le demi-ton chromatique.
Le demi-ton diatonique est celui qui change de nom.

Exemples : 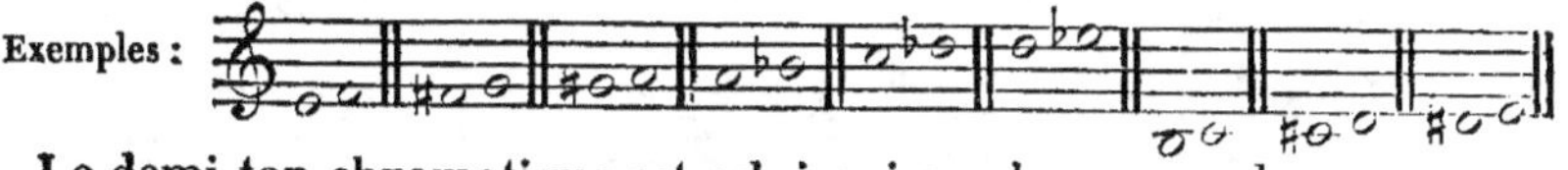

Le demi-ton chromatique est celui qui ne change pas de nom.

Exemples : 

Quelques professeurs se servent de la dénomination de demi-ton majeur et demi-ton mineur. Il y a quelque chose de fort curieux à cet égard ; ils ont nommé majeur le demi-ton diatonique, et c'est justement celui qui est le plus petit, et mineur le chromatique.

qui se trouve le plus grand. L'acoustique donne des preuves matérielles que le demi-ton diatonique est plus petit d'un comma que le chromatique.

On nomme *Comma* la neuvième partie d'un ton.

Le demi-ton diatonique est de quatre commas. Exemple : 

Le demi-ton chromatique est de cinq commas. Exemple : 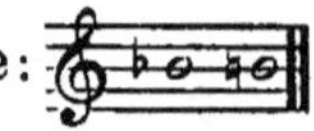 et le ton de neuf commas.

Ainsi deux demi-tons diatoniques sont plus petits que le ton, puisque l'intervalle d'un ton se compose d'un demi-ton diatonique et d'un demi-ton chromatique. Exemple :

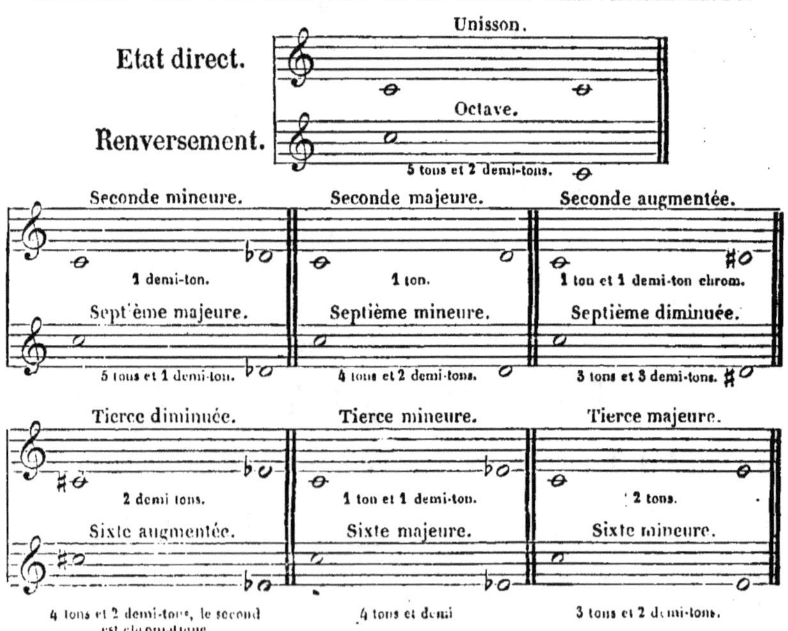

et deux demi-tons chromatiques seraient plus grands que le ton, puisqu'ils sont composés de cinq commas chacun.

Donnez quelques exemples à l'élève jusqu'à ce qu'il comprenne parfaitement cette théorie.

L'article des demi-tons et des intervalles ne pouvant être divisé, et devant être placé avant l'explication de la gamme majeure et mineure, j'engage le professeur à l'expliquer d'abord brièvement, sauf à y revenir plusieurs fois durant les autres leçons.

Si ces principes sont trop difficiles pour l'intelligence des jeunes élèves, passez-les dans le commencement, mais il y faudra revenir plus tard.

TABLEAU DES INTERVALLES AVEC LEURS RENVERSEMENTS.

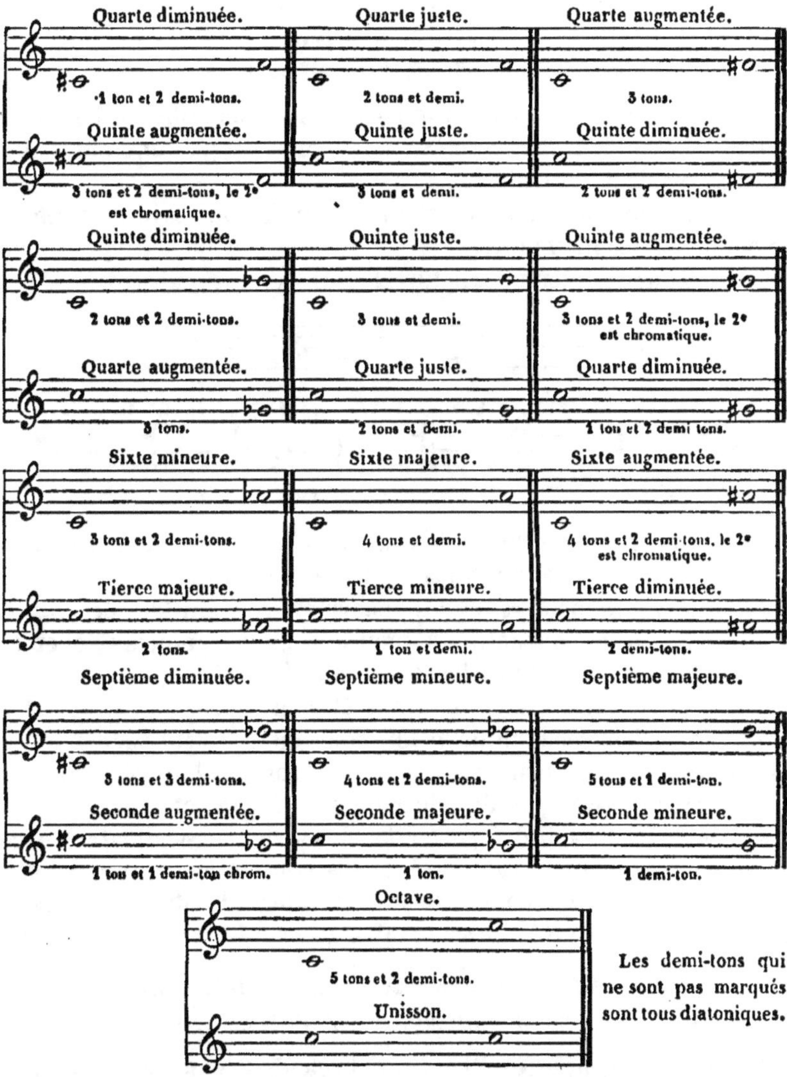

Les demi-tons qui ne sont pas marqués sont tous diatoniques.

Les autres intervalles possibles ne s'emploient pas, ou du moins très rarement; il est important de savoir bien par cœur, et surtout par raisonnement, de quoi se composent les intervalles, et de bien connaître quelle est la qualité des demi-tons, s'ils sont diatoniques ou chromatiques.

J'offrirai à l'élève, pour faciliter l'étude du renversement, une mnémonique qui est assez curieuse et qui doit frapper son esprit.

En additionnant l'intervalle avec le renversement, le total doit toujours former le nombre neuf.

EXEMPLE:

L'unisson représentant le nombre 1	La seconde le nombre 2	La tierce le nombre 3
et son renversement le nombre 8	son renversement 7	son renversement 6
Total 9	Total 9	Total 9

Ainsi de suite pour tous les intervalles.   2

MNÉMONIQUE IMPORTANTE
POUR AIDER LA MÉMOIRE
ET BIEN APPRÉCIER LES DIFFÉRENTS INTERVALLES.

On a remarqué qu'il y avait huit espèces d'intervalles, qui diffèrent entre eux d'un demi-ton de plus ou de moins, ce qui donne un kaléidoscope infernal à retenir.

Voici les moyens infaillibles que j'ai trouvés pour savoir et retenir parfaitement les intervalles.

Tous les intervalles naturels de la Gamme majeure :

Sont majeurs, à l'exception de la quarte et la quinte, que l'on nomme vulgairement justes, et que nous désignerons inaltérés.

Les intervalles majeurs, en les haussant d'un demi-ton, deviennent augmentés ; en les baissant d'un demi-ton, ils sont mineurs ; et en les baissant de deux demi-tons, ils sont diminués.

Les justes ou inaltérés ne pouvant être ni majeurs ni mineurs, il suffira de les hausser d'un demi-ton pour qu'ils soient augmentés, et de les baisser d'un demi-ton pour qu'ils soient diminués. Voyez la preuve dans les exemples du tableau des différents intervalles.

Je prie le professeur d'apporter la plus scrupuleuse attention à ces règles entièrement neuves. Je m'en suis constamment servi comme d'un moyen infaillible pour enseigner les intervalles dans mes classes, et je n'ai jamais trouvé une seule intelligence rebelle à ces procédés.

MNÉMONIQUE POUR BIEN SAVOIR DE COMBIEN DE TONS
ET DE DEMI-TONS SE COMPOSENT TOUS LES INTERVALLES.

Les élèves pouvant très difficilement retenir la composition de tous les intervalles, il suffit qu'ils sachent d'une manière imperturbable les trois principaux qui sont : la tierce majeure, composée de deux tons ; la quinte juste, composée de trois tons et un demi-ton ; et l'octave, composée de cinq tons et deux demi-tons. Chaque fois qu'on les interrogera sur la composition des autres intervalles, ils devront les comparer à celui des trois intervalles le plus rapproché.

NOUVELLE SÉRIE D'INTERVALLES SANS LE SECOURS DU NOM DES NOTES.

Même mouvement pour cette série d'intervalles.

(1) Défiez-vous de la justesse du *mi* au *fa* et du *si* à l'*ut*.

J'ai souvent, dans ce petit Solfége, accompagné la partie vocale à l'unisson avec le petit doigt de la main droite pour aider l'intonation du chanteur.

DES MESURES.

Il y a trois espèces de mesures : la mesure à deux temps, la mesure à trois temps, et la mesure à quatre temps. Elles se divisent en mesures simples et en mesures composées.

(1) L'intervalle de septième majeure est un intervalle difficile à chanter juste, on ne saurait donc y appporter trop de soin

On nomme aussi *mesure* l'espace formé par deux petites barres, entre lesquelles on place les diverses valeurs de la mesure indiquée à la clef.

Les mesures qui se marquent par deux chiffres sont faciles à comprendre.

Le premier chiffre signifie la quantité de valeur, et le second la division de la ronde.

Le second, s'il représente un **1**, c'est l'entier ou la ronde ; si c'est un **2**, la moitié de la ronde ou la blanche ; si c'est un **4**, le quart de la ronde ou la noire ; si c'est un **8**, le huitième de la ronde ou la croche ; si c'est un **16**, le seizième de la ronde ou la double-croche.

La mesure à $\frac{2}{4}$, deux fois le quart de la ronde, ce qui veut dire deux noires dans la mesure ; $\frac{3}{4}$, trois fois le quart de la ronde, ce qui veut dire trois noires dans la mesure ; $\frac{6}{8}$, six fois la huitième partie de la ronde, ce qui veut dire six croches ; $\frac{12}{8}$, douze fois la huitième partie de la ronde, ce qui veut dire douze croches dans la mesure ; $\frac{3}{8}$, trois fois la huitième partie de la ronde, ce qui veut dire trois croches.

Les mesures composées sont toujours de doubles chiffres ; le premier chiffre de la mesure composée est le triple du premier de la mesure simple, et le second de la mesure composée est le double du second de la mesure simple.

Exemple : La mesure à $\frac{2}{4}$, mesure simple ;

sa mesure composée est la mesure à $\frac{6}{8}$ triple de 2, double de 4

Lorsque dans une mesure le premier chiffre est impair, la mesure est à **3** temps.

Lorsque les chiffres sont pairs, la mesure est à **2** temps. Il n'y a que l'exception de $\frac{12}{8}$ qui soit à **4** temps.

Ainsi, quand le premier chiffre est un **12**, la mesure est à **4** temps.

On fera observer à l'élève que chaque temps de la mesure composée a de plus la moitié en sus de la mesure simple. Ainsi, s'il faut deux noires pour un temps simple, il en faudra trois pour le même temps de la mesure composée.

De même pour les croches et pour toutes les valeurs.

Faites faire cette étude à la vue du tableau des mesures qui suit

DES MESURES

AVEC LA COMPARAISON DES SIMPLES ET DES COMPOSÉES.

Dans les anciennes musiques il existe quelques autres mesures, mais elles ne sont plus usitées ; ce sont les mesures à $\frac{2}{1}\frac{3}{1}\frac{3}{2}$. Cependant la mesure à $\frac{3}{2}$ est encore quelquefois en usage.

Vous ferez remarquer à l'élève que la pause se met de même pour exprimer le silence d'une mesure simple, comme pour une mesure composée ; bien que la mesure vaille plus ou moins que la ronde. Dans ce cas, elle vaut toute la mesure entière, quelle qu'elle soit.

Il n'en est pas de même pour la division des silences ; ainsi, pour exprimer la demi-mesure dans la mesure à $\frac{2}{4}$, on met un soupir et non une demi-pause. Il en est de même pour les autres silences.

MANIÈRE DE BATTRE LES MESURES.

A deux temps :

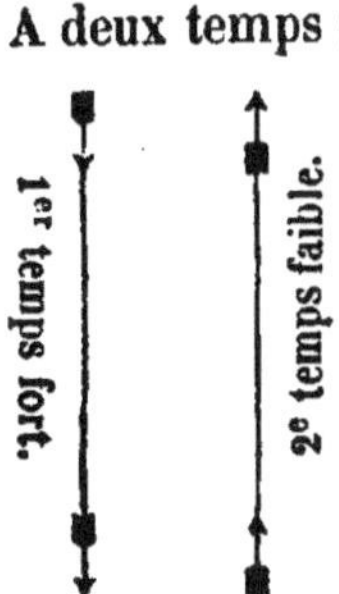

A trois temps :

A quatre temps :

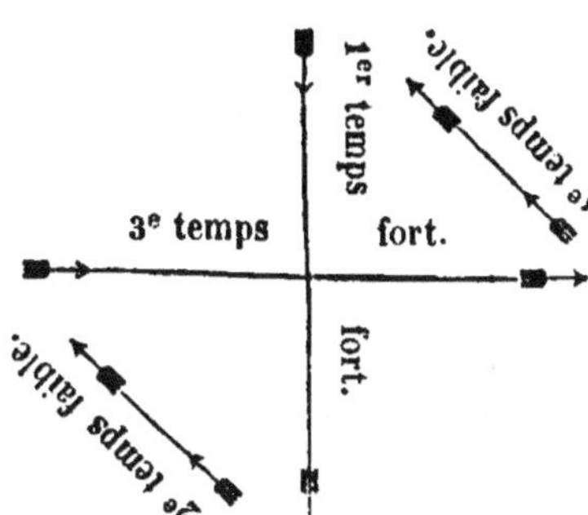

Le temps fort est celui qu'on accentue plus que les autres.

Je ne saurais trop recommander aux professeurs la plus grande sévérité en faisant battre la mesure. Il faut, de toute nécessité, que chaque temps soit marqué franchement, carrément, sans que la main traîne ou vacille, ce qui n'a lieu qu'aux dépens d'une valeur, et que tous les temps soient d'une égalité parfaite depuis le commencement jusqu'à la fin du morceau. Cette règle est de rigueur, car l'élève doit chanter en se guidant sur les mouvements réguliers de sa main (qui sert alors de métronome), et non guider sa main sur son chant.

Lorsque l'élève chantera ces petites leçons, je conseillerai au professeur de lui faire composer quelques notes qu'il sera obligé de noter avec le nom au-dessus.

Arrêtez souvent l'élève dans le courant de la leçon pour savoir où il en est, et défiez-vous de sa mémoire.

Donnez pour devoir à l'élève d'écrire la gamme en **UT** en montant
et en descendant, en lui faisant observer que les deux demi-tons sont
du *mi* au *fa* et du *si* à l'*ut*, et dites-lui ensuite que ces deux demi-tons
sont posés, dans toutes les gammes, de la 3e à la 4e note, et de la 7e à
la 8e note.

DU DIÈSE ♯ , DU BÉMOL ♭ , DU BÉCARRE ♮.

Si l'on examine l'octave d'un clavier de piano, on verra qu'entre
toutes les notes formant un ton, on peut intercaler un son plus haut
que le précédent et plus bas que le suivant. Ce son n'exige pas un nom
nouveau; il prend tantôt le nom de la première note élevée, tantôt le
nom de la seconde abaissée.

Pour élever une note d'un demi-ton, on place à sa gauche un dièse ♯;
pour abaisser une note d'un demi-ton, on place à sa gauche un bémol ♭;
pour détruire l'effet du dièse et du bémol, on remplace l'un ou l'autre
par un bécarre ♮.

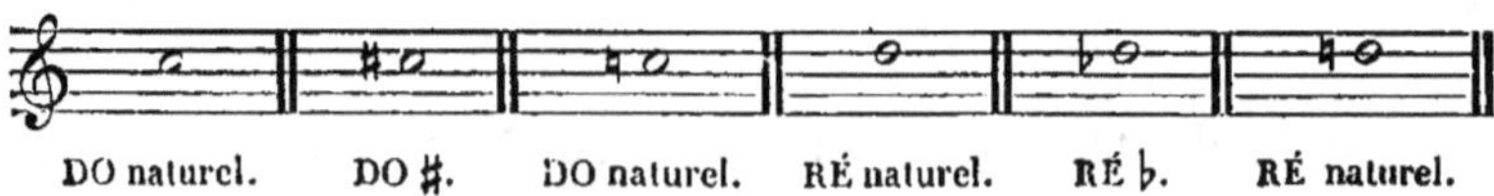

Ces trois signes ♯, ♭ et ♮ se nomment accidents, parce qu'ils modifient accidentellement le son des notes.

Si l'on ajoute à la gamme diatonique les demi-tons trouvés sur le clavier avec les dièses et les bémols, on aura la gamme chromatique, c'est-à-dire par demi-tons successifs,

FIGURE DE L'OCTAVE AU PIANO.

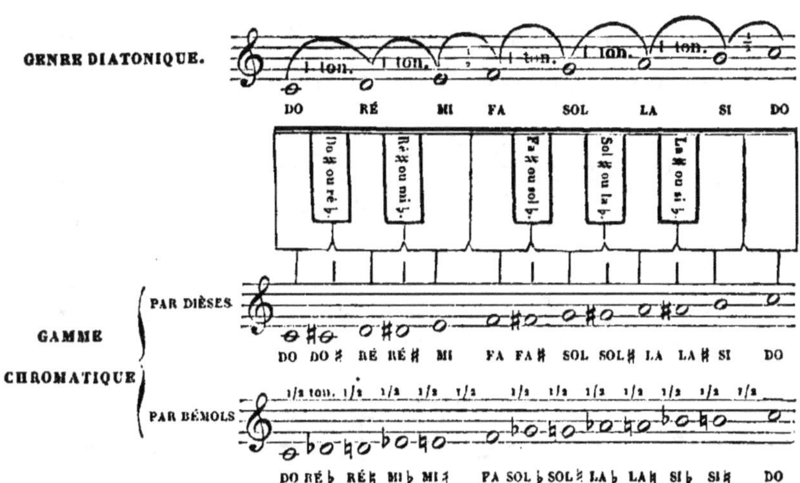

On est dans l'usage d'écrire la gamme chromatique avec des dièses en montant et avec des bémols en descendant.

EXERCICES DE LECTURE ET D'APPELLATION.

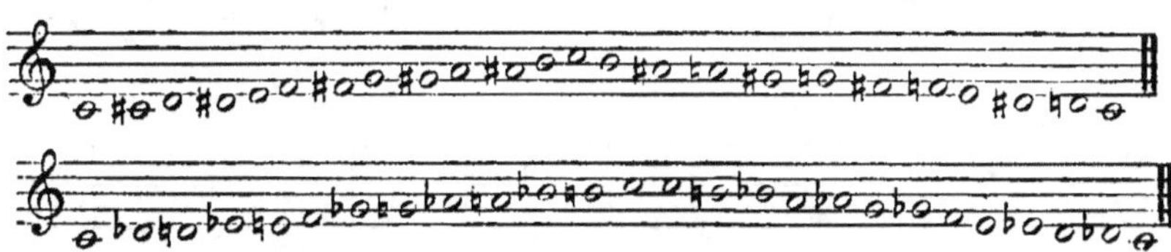

Faire étudier ces gammes par cœur, en montant et en descendant; et pour faciliter cette étude, faire observer à l'élève qu'entre le *mi* et le *fa* et entre le *si* et l'*ut* il n'existe pas de touche noire.

Ainsi dans la gamme d'*ut*, en montant, toutes les notes peuvent être diésées, à l'exception du *mi* et du *si*.

Par la même raison, si l'on descend la gamme d'*ut*, toutes les notes peuvent être bémolisées, à l'exception de l'*ut* et du *fa*.

Voilà un excellent moyen mnémonique pour former la gamme chromatique en montant et en descendant.

Faites faire ce travail avec soin jusqu'à ce qu'il soit parfaitement appris.

MESURE A QUATRE TEMPS.

Dans la mesure à 4 temps, une ronde complète la mesure, et il faut une noire pour chaque temps.

Faites comprendre à l'élève que le dièse hausse la note d'un demi-ton.

Cette mesure pourrait se marquer ainsi : $\frac{4}{4}$ ce qui veut dire quatre quarts de la ronde, ou quatre noires dans la mesure.

(1) Le dièse hausse la note d'un demi-ton.

Moderato.
Nº 29.
p

A chaque leçon que vous donnez à l'élève, faites-lui étudier **un principe**, faites-le-lui repasser jusqu'à ce qu'il le sache bien. **Ne lui parlez** d'un second que lorsqu'il sait le précédent très bien.

(1) Le bémol baisse la note d'un demi-ton; c'est le contraire du dièse.

Afin de travailler seul en l'absence de son maître, l'élève devra lire la leçon en battant la mesure et en nommant les notes sans y joindre l'intonation.

L'édition de ce solfége a été calculée de manière à ce que l'élève n'ait que le moins possible a tourner le feuillet au milieu des leçons. On a voulu éviter cette difficulté.

RÉSUMÉ DES LEÇONS PRÉCÉDENTES.

Faites analyser la mesure à l'élève ; qu'il sache bien les valeurs qui forment les temps : il faut qu'il apprenne parfaitement le complément de la mesure et de ses divisions.

Faites analyser la valeur de chaque temps dans toutes les mesures de cette leçon.

Après avoir dit cette leçon à quatre temps, faites-la solfier à deux.

DU POINT.

En ajoutant un point après une note ou un silence, on augmente leur durée de moitié.

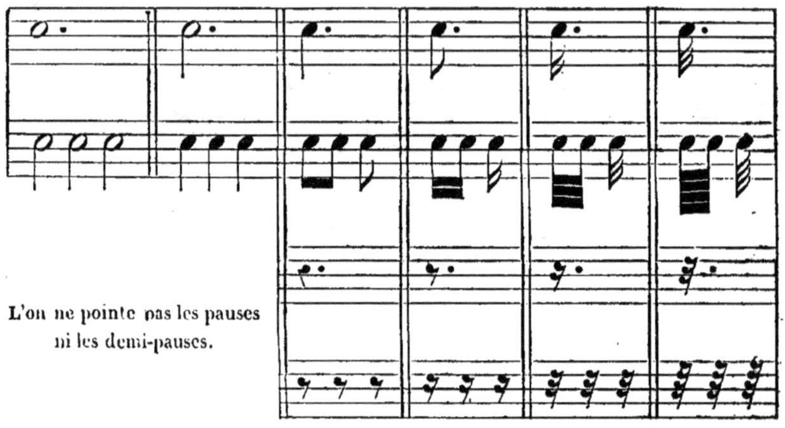

L'on ne pointe pas les pauses ni les demi-pauses.

Le deuxième point vaut la moitié du premier :

Si l'on mettait un troisième point, ce dernier vaudrait la moitié du second.

Puisque le point augmente la note de la moitié de sa valeur, la blanche pointée vaut trois noires ; donc elle vaudra trois temps.

Si l'élève se trompe dans cette division à cause de la nouvelle difficulté, le maître fera bien de le forcer à analyser la mesure

Faites remarquer à l'élève qu'ici la noire vaut trois croches, et que par conséquent il faut lever la main sur le point.

Faites observer à l'élève que cette leçon est dans le même système que la précédente : seulement, dans cette dernière, les noires remplacent les blanches, et les croches les noires.

Je recommande l'analyse des valeurs pour parfaitement diviser la mesure et par conséquent la bien battre.

DE LA SYNCOPE.

La syncope est l'union de deux mêmes notes liées ensemble, dont la seconde ne se répète pas, et partagées par un temps. Lorsqu'elle s'opère du dernier temps de la mesure au premier de la mesure suivante, elle se marque par ce signe ‿.

Cette syncope est dans toute sa régularité : il s'en trouve aussi qui ne sont point partagées également.

Elles ne sont pas moins des notes syncopées.

N° 39.

LEÇON POUR ÉTUDIER LES SYNCOPES DE BLANCHES.

Voici une des plus grandes difficultés de l'art musical. Il est donc très important d'obtenir ce progrès de l'élève. Ne le rebutez pas si dans les premières fois il ne la comprend pas : passez-la ; mais revenez-y souvent. Ayez de la patience et encore plus de persévérance. Attaquez bien la note syncopée.

Voici le même exemple qu'au n° 37 ; la noire remplace la blanche.

Attaquez bien toutes les syncopes.

Faites chanter deux fois cette leçon à l'élève; la première à quatre temps ainsi qu'elle est écrite, et la seconde à deux temps comme si elle était marquée ₵.

Faites solfier deux fois cette leçon, une fois à quatre temps, et la seconde à deux temps.

DE LA FORMATION DE LA GAMME MAJEURE.

Il est à remarquer qu'en commençant la gamme d'*ut* sur une autre note que sur *ut*, les distances de cinq tons et deux demi-tons, inhérentes à la formation de la gamme diatonique, ne sont plus observées.

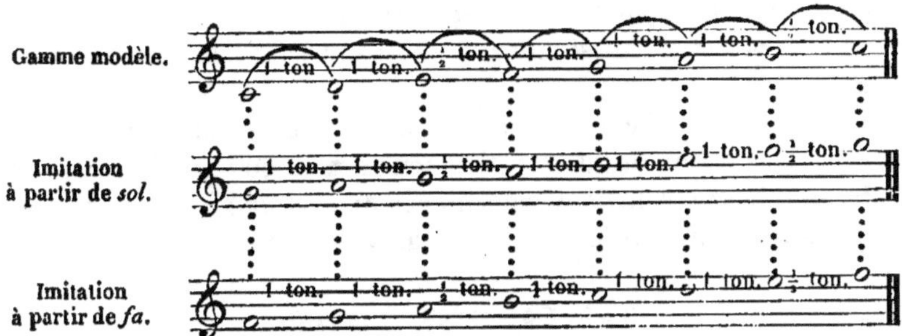

Il faut introduire des accidents pour calquer les proportions d'*ut*, en mettant un dièse au *fa* de la gamme de *sol*, et un bémol au *si* de la gamme de *fa*.

Exemple :

Mais on est dans l'usage de placer ces accidents après la clef : ils deviennent alors le signe caractéristique de la tonalité, et on ne les répète plus dans le courant d'un morceau, à moins que leur effet n'ait été suspendu accidentellement par un bécarre.

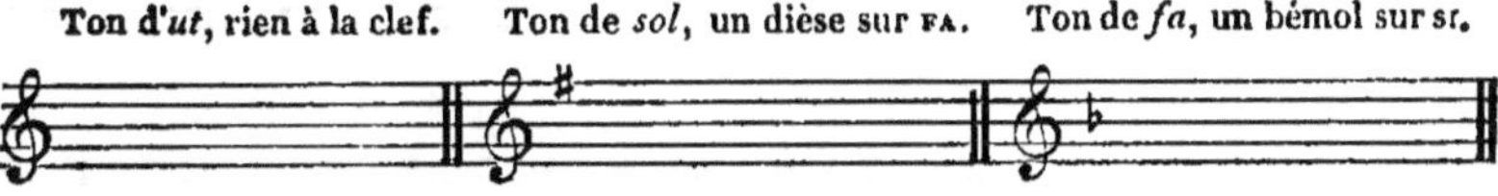

Et ainsi des autres gammes.

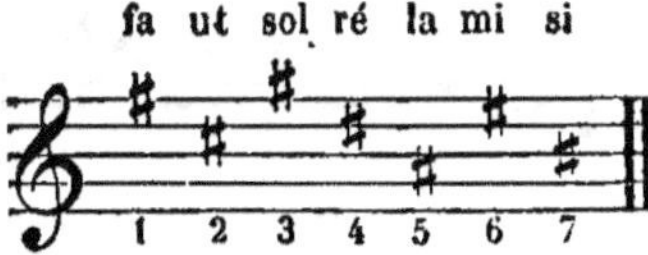

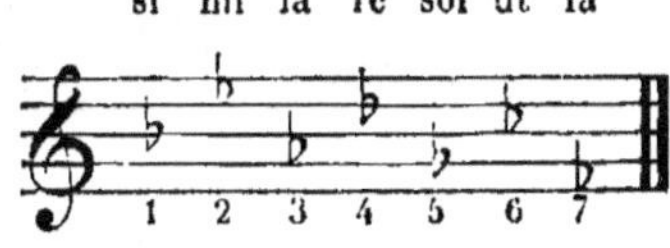

Les dièses se placent de quinte en quinte en montant.

Les bémols se placent de quarte en quarte en montant.

Faites apprendre par cœur les sept dièses et les sept bémols, afin que l'enfant les prononce aussi vite que les exercices sur le nom des notes et des gammes.

Faites observer à l'élève que les bémols se placent en sens contraire des dièses. Ainsi, en lisant attentivement l'exemple précédent, on voit que le premier dièse devient le dernier bémol, et que le premier bémol occupe la place du dernier dièse, et ainsi des autres.

TABLEAU DES GAMMES

AVEC LES DIÈSES ET AVEC LES BÉMOLS.

RÉSUMÉ.

Le premier dièse se pose sur le *fa*, le deuxième sur *do*, le troisième *sol*, le quatrième *ré*, le cinquième *la*, le sixième *mi*, et le septième *si*. On ne pose jamais le deuxième sans le premier, et ainsi de suite. Le dernier dièse est placé sur la septième note de la gamme : ainsi, quand il y a un dièse, on est dans le ton de *sol*, l'octave ou tonique étant à un demi-ton plus haut que la *note sensible*. On nomme ainsi la septième parce qu'elle fait sentir le besoin de la tonique.

Ton d'*ut*. Ton de *sol*. Ton de *ré*. Ton de *la*. Ton de *mi*. Ton de *si*. Ton de *fa*♯. Ton d'*ut*♯.

Le dernier bémol est toujours placé sur la quatrième note de la gamme dont il caractérise la tonalité, et l'avant-dernier donne le nom de la tonique, première note de la gamme.

Ton d'*ut*. Ton de *fa*. Ton de *si*♭. Ton de *mi*♭. Ton de *la*♭. Ton de *ré*♭. Ton de *sol*♭. Ton d'*ut*♭.

On voit que les dièses se placent de quinte en quinte en montant, et les bémols de quarte en quarte.

RÉSUMÉ DU PRINCIPE DES DIÈSES.

Le dernier dièse mis à la clef se pose sur la sensible ; ainsi, avec un dièse on est en *sol*, puisque le dièse est *fa* ♯.

Avec deux dièses on est en *ré*, puisque le dernier dièse est *ut* ♯, etc.

RÉSUMÉ DU PRINCIPE DES BÉMOLS.

L'avant-dernier bémol se pose sur la tonique du ton ; ainsi, avec deux bémols on est en *si* ♭, puisque l'avant dernier est *si* ♭. Avec trois bémols on est en *mi* ♭, puisque l'avant-dernier est *mi* ♭.

Cette règle est invariable jusqu'à sept bémols.

Seulement, sachez par cœur qu'avec un bémol on est en *fa* majeur.

Je recommande au professeur de s'assurer que l'élève comprend bien ce que c'est que la note sensible, ainsi que la tonique de la gamme.

Si le maître trouve quelques-unes de ces variations un peu difficiles pour l'élève, il pourra en passer; mais il faudra plus tard les lui faire dire. On peut les ralentir pour les rendre plus faciles.

N° 44.

L'élève, s'il joue déjà du piano, pourra, après avoir solfié seul les leçons sans l'intonation, les étudier de la main droite en observant une parfaite mesure.

DES MODES.

Mode, signifie état des tons. Les tons sont majeurs ou mineurs : la différence la plus sensible existe dans la qualité de l'intervalle qui sépare la troisième de la première note d'une gamme. Si l'intervalle forme deux tons (une tierce majeure), la gamme est majeure.

Si l'intervalle forme seulement un ton et demi, la gamme est mineure.

La gamme mineure n'est point une gamme nouvelle ; elle est formée par les notes de la gamme-modèle, mais à des degrés différents.

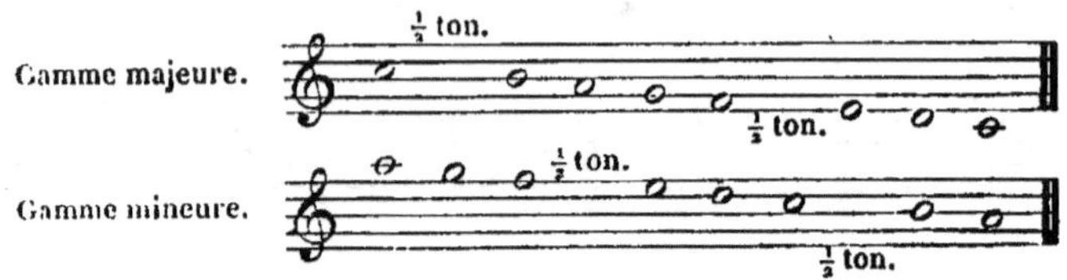

En exécutant cette gamme mineure en montant, on y introduisit des modifications et l'on haussa d'abord la septième note (la sensible) qui tend à se rapprocher de la tonique.

L'intervalle de *fa* à *sol* ♯ était dur à l'oreille et très difficile à chanter à cause du degré d'un ton et demi : on le rapprocha de la septième.

Mais en descendant, la gamme mineure doit être invariablement composée des notes de la gamme majeure : voilà pourquoi l'on dit que le ton de *la* mineur est *relatif* de celui d'*ut*, et *vice versa* pour tous les tons. Aussi ces tons analogues ont-ils le même nombre d'accidents à la clef.

Cependant plusieurs théoriciens conservent la septième en descendant.

DÉSIGNATIONS DES TONS MAJEURS

ET DES TONS MINEURS RELATIFS.

La gamme-modèle existe sans accidents à la clef.

La gamme mineure de *la* qui en dérive n'a point d'accidents.

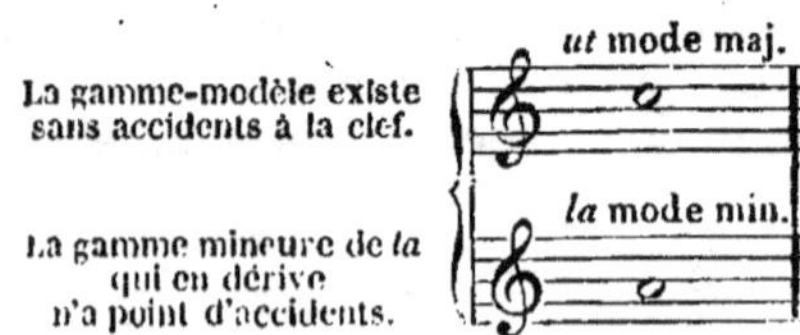

PRINCIPES POUR TOUS LES TONS

AVEC DES DIÈSES A LA CLEF. AVEC DES BÉMOLS A LA CLEF.

Avec un dièse à la clef on est en *sol* majeur, ou

dans le relatif mineur, qui est *mi* mineur.

Avec deux dièses, on est en *ré* majeur, ou

dans le relatif, *si* mineur.

Avec trois dièses on est en *la* majeur, ou

en *fa* ♯ mineur.

Avec quatre dièses on est en *mi* majeur, ou

en *ut* ♯ mineur.

Avec cinq dièses on est en *si* majeur, ou

en *sol* ♯ mineur.

Avec six dièses on est en *fa* ♯ majeur, ou

en ré ♯ mineur.

Avec sept dièses on est en *ut* ♯ majeur, ou

en *la* ♯ mineur.

Avec un bémol à la clef, on est en *fa* majeur,

ou dans le ton relatif *ré* mineur.

Avec deux bémols, on est en *si* ♭ majeur,

ou en *sol* mineur.

Avec trois bémols on est en *mi* ♭ majeur,

ou en *ut* mineur.

Avec quatre bémols, on est en *la* ♭ majeur,

ou en *fa* mineur.

Avec cinq bémols, on est en *ré* ♭ majeur,

ou en *si* ♭ mineur.

Avec six bémols on est en *sol* ♭ majeur

ou en *mi* ♭ mineur.

Avec sept bémols on est en *ut* ♭ majeur,

ou en la ♭ mineur.

DE LA DISTINCTION DU MODE MAJEUR ET DU MODE MINEUR.

Les signes de la clef ne peuvent, seuls, aider à trouver dans quel mode est un morceau.

Il faut encore lire ce morceau et en chercher les notes essentielles qui forment des accords parfaits (c'est-à-dire composés de tonique, tierce et quinte).

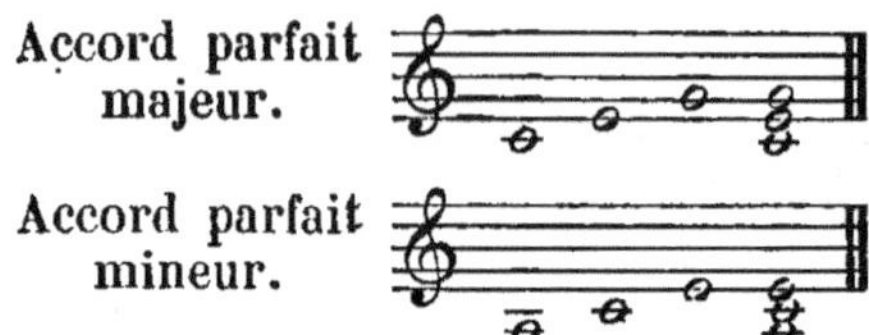

La mélodie ou l'accompagnement doit indiquer l'un ou l'autre de ces accords.

Le professeur fera bien de frapper plusieurs accords majeurs et mineurs, et de demander à l'élève est-ce majeur? est-ce mineur? afin de faire apprécier la différence de la tierce mineure à la tierce majeure. Il faut faire observer que la tierce majeure donne à l'accord une clarté qui n'existe point dans l'accord mineur. Donnez pour exemple:

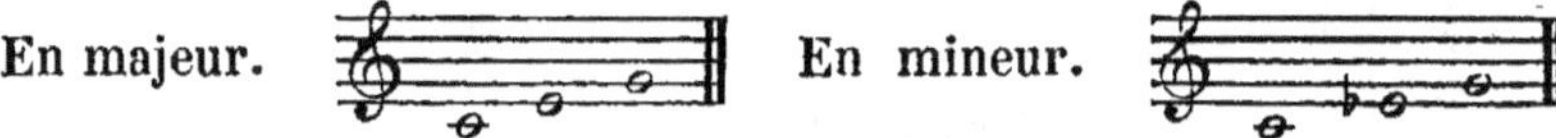

La tierce mineure donne à l'accord parfait une résonnance plus sombre.

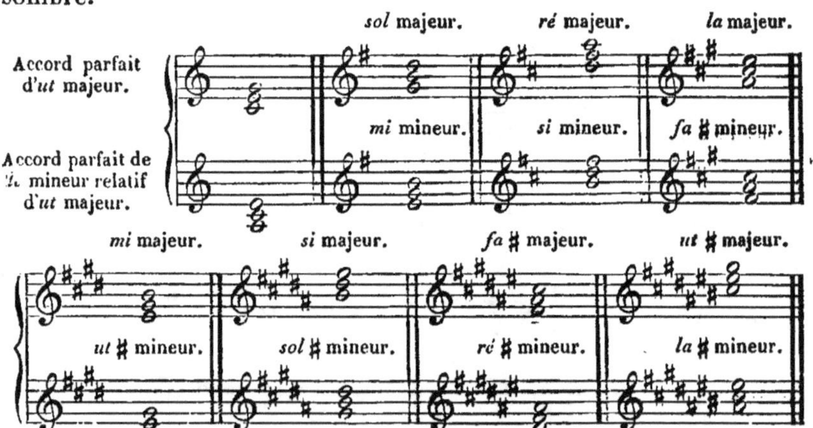

Remarquez que les tierces des accords des relatifs mineurs sont mineures, et que les tierces des accords parfaits des modes majeurs sont majeures.

Observez bien que la tierce majeure est composée de deux tons, et que la tierce mineure est composée d'un ton et d'un demi-ton diatonique.

GAMME EN LA MINEUR, TON RELATIF D'UT MAJEUR.

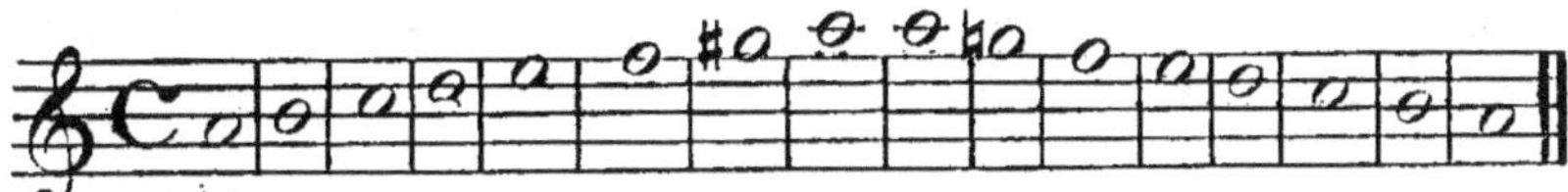

Ne voulant pas dépasser l'étendue de la voix des enfants, l'élève ne solfiera pas cette gamme.

LEÇON EN LA MINEUR.

N° 45.

On doit reconnaître que cette leçon est en *la* mineur et non en *ut* majeur, parce que le *sol*, qui est la cinquième note du ton d'*ut* ou la sensible du ton de *la*, est diésée.

On doit se souvenir aussi du principe que j'ai donné. On trouve *la* à la basse et *do mi la* à la main droite de l'accompagnement de la première mesure, ce qui donne l'accord parfait du ton de *la* [2].

Pour être en *ut*, il faudrait trouver *do, mi, sol* et le *sol* naturel.

(1) Soutenez ces trois *la* sans les répéter.
(2) *Voy.* la grande édition.

DU RENVOI.

Le signe du renvoi %, placé dans une partie quelconque d'un morceau, oblige, quand on le rencontre une seconde fois, à recommencer depuis l'endroit où il parut d'abord jusqu'à ce qu'on trouve le mot *Fin* ou *Fine* en italien. On ajoute quelquefois au second renvoi les mots *Al segno*, au signe.

Cette leçon est encore en *la* mineur pour les mêmes raisons.

Soignez l'intonation de la sensible; prenez garde qu'elle ne soit pas trop basse.

N° 47. Thème.

De même pour ces variations que pour le n° 43, ralentissez les variations difficiles, s'il le faut.

LEÇON POUR ÉTUDIER LA MESURE A SIX-HUIT.

La mesure à $\frac{6}{8}$ est le composé de la mesure à $\frac{2}{4}$.

LEÇON POUR EXERCER LA MESURE A $\frac{6}{8}$.

Cette leçon est en *ut ;* on a quitté le ton de *la* mineur, puisqu'on a trouvé *do mi sol* dans l'accord[1], et que *sol* est naturel.

(1) **Voy.** pour l'accord *do mi sol* la grande édition.

DE LA LIAISON ET DU DÉTACHÉ.

La liaison et le coulé sont synonymes. La liaison se marque comme le coulé, par ce signe ⌒ qui est le même que celui de la syncope; mais son effet n'est pas le même : on peut mettre un coulé sur plusieurs notes, et la syncope ne lie ou n'attache que deux notes placées sur le même degré, dont la seconde ne se répète pas.

Exemple du coulé ou de la liaison :

Le détaché, marqué par des points, indique une légère séparation entre les notes qu'il faut alors piquer.

Exemples du détaché :

Le professeur ne se contentera pas de faire comprendre ces principes en les expliquant à son élève; il les lui fera soigneusement solfier.

La différence du coulé au détaché est totale.

LEÇON POUR ÉTUDIER LES CROCHES POINTÉES.

Détachez bien la double croche et légèrement.

MESURE A TROIS TEMPS.

Faites étudier la mesure à trois temps avant de solfier cette leçon,
et que les trois temps soient bien distincts.

Exécutez quelques mélodies majeures et mineures à votre élève, et faites-lui apprécier la différence de caractère de tonalité : tàchez qu'il la comprenne sans la théorie, rien que par la qualité des sons.

Faites ce travail mélodique après l'appréciation des accords majeurs et mineurs des pages 54 et 55.

Je regarde comme un progrès incontestable qu'un élève distingue ces différences. Il est très heureux pour lui de pouvoir dire tout de suite à l'audition d'un accord, d'un trait, quel est le mode.

DU TRIOLET.

Le triolet est l'assemblage de trois notes qui doivent s'exécuter pendant la valeur de deux. On met ordinairement un 3 sur ces trois notes.

Quelquefois on emploie des espèces de doubles triolets que l'on nomme sixaines.

Il est à observer que la sixaine doit se diviser de deux en deux et non de trois en trois. Beaucoup de musiciens tombent dans cette faute ; je signalerai particulièrement le délicieux quatuor de Moïse en *la* bémol dont l'accompagnement est ainsi :

Il faut le diviser comme si c'était à $\frac{9}{8}$; donc il faut appuyer sur le quart de soupir, sur le *mi* et sur le *la* de la sixaine, et non sur l'*ut* d'en haut, car de cette manière on l'exécuterait comme si c'était un double triolet.

Exemple : 

Au lieu de compter sur l'intelligence des musiciens, les compositeurs devraient leur éviter toute méprise en écrivant distinctement. Je m'étonne qu'on n'ait jamais fait cette observation dans les solféges ; elle est importante, car ce changement forme un tout autre rhythme et dénature le caractère du morceau.

LEÇON POUR ÉTUDIER LE TRIOLET.

Quelquefois, par négligence, on ne met pas le chiffre 3 sous le triolet ; l'habitude et l'intelligence du musicien suppléent.

Un morceau de musique commence quelquefois par une mesure qui n'est pas complète. Pour commencer à propos sur une mesure incomplète, on compte les temps qui manquent, et on fait un geste décisif sur le chiffre qui correspond au dernier temps de cette mesure. Ainsi, on dit 1, 2, 3, 4, et on chante la croche *la* dans l'exemple suivant. De même pour toute espèce de mesure incomplète au commencement.

On peut aussi commencer sans compter les temps muets.

J'engagerai donc le professeur à faire chanter cette leçon des deux manières.

DU POINT D'ORGUE ET DES PAUSES A COMPTER.

On remplit les mesures par des notes ou des silences; mais s'il y avait un grand nombre de *mesures à compter*, on réunirait toutes ces mesures par des bâtons de quatre et de deux pauses, ou on écrit simplement le chiffre des mesures à compter.

SILENCES.

On prolonge quelquefois la mesure en plaçant sur une note un signe nommé point d'orgue. Cette prolongation est arbitraire.

Quand le point d'orgue se place sur un silence, il n'indique plus qu'un repos dont la prolongation est aussi indéterminée. Il se nomme alors *point d'arrêt*.

On donne aussi le nom de point d'orgue à un trait improvisé par un chanteur ou un instrumentiste habile. Cette improvisation, qui doit être courte et de bon goût, se termine le plus ordinairement lentement, pour ramener au mouvement régulier qu'on reprend alors sur la mesure qui suit le point d'orgue, et au-dessus de laquelle on écrit *a tempo*, en mesure.

C'est même là que l'on peut faire distinguer son style; j'engagerai cependant l'artiste à être sobre de ces ornements; un point d'orgue bien fait peut lui mériter beaucoup d'éloges, tandis que par un point d'orgue médiocre il afficherait une prétention qui toucherait au ridicule. D'ailleurs ces sortes d'ornements demandent la perfection.

Les points d'orgue les plus simples sont toujours les meilleurs, à moins qu'ils ne fassent ressortir toutes les ressources de l'instrument ou de la voix, et, bien entendu, qu'ils soient exécutés admirablement.

N° 55. Gamme ascendante. Gamme variée.

De même pour ces variations que pour le n° 43. Ces deux pages ne font qu'une seule leçon,

MÊME LEÇON.

Faites respirer où sont indiquées les virgules.

DES CLEFS.

Il existe trois espèces de clefs, la clef de Sol, la clef d'Ut et la clef de Fa.

Exemple : 

La clef de Sol a deux positions, savoir : la clef de *sol* seconde ligne et la clef de *sol* première ligne.

Les clefs d'Ut sont au nombre de quatre, savoir : la clef d'*ut* première ligne, la clef d'*ut* seconde ligne, la clef d'*ut* troisième ligne et la clef d'*ut* quatrième ligne. 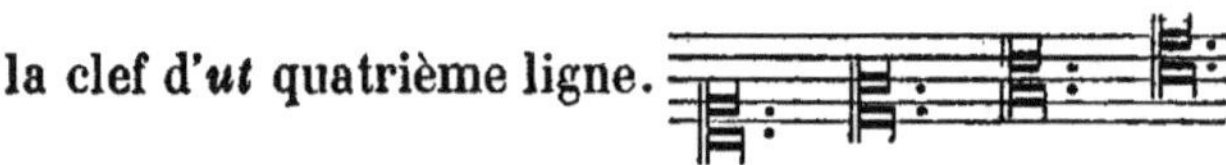

La clef de Fa a deux positions, savoir : la clef de *fa* troisième ligne et la clef de *fa* quatrième ligne.

Je n'ai l'intention, dans cet A B C musical, que d'enseigner les deux clefs les plus essentielles, qui sont : la clef de *sol* seconde ligne et la clef de *fa* quatrième ligne, afin de mettre l'élève en état d'étudier le piano le plus vite possible.

Voici leur étendue à toutes deux, du moins celle dont nous nous servirons pour solfier.

Selon le vrai diapason, ces deux gammes se trouvent à l'octave ; mais comme une seule voix ne pourrait les chanter, ces deux gammes se chanteront à l'unisson ; c'est la gamme écrite sur la clef de *fa* qui se trouve à l'octave au-dessous ; celle écrite sur la clef de *sol* est parfaitement le diapason de la voix de l'enfance.

DE LA CLEF DE FA.

Nous avons vu que le moyen d'écrire les sons plus haut ou plus bas que la portée consistait à ajouter des lignes supplémentaires au-dessus ou au-dessous de cette portée. Ainsi, supposons que nous voulions

écrire une gamme d'*ut* en descendant, à partir de l'*ut* le plus grave
que nous connaissions.

La lecture de ces notes deviendrait impraticable; on a obvié à cet
inconvénient en plaçant ces notes à un autre endroit sur la portée et en
substituant à la première clef de *sol* une autre clef de *fa* qui
porte le *fa* grave ⎯ de la clef de *sol*, sur la 4e ligne de la portée : ainsi
l'exemple précédent devient très lisible et reste circonscrit dans les li-
mites de la portée, et cependant c'est le même.

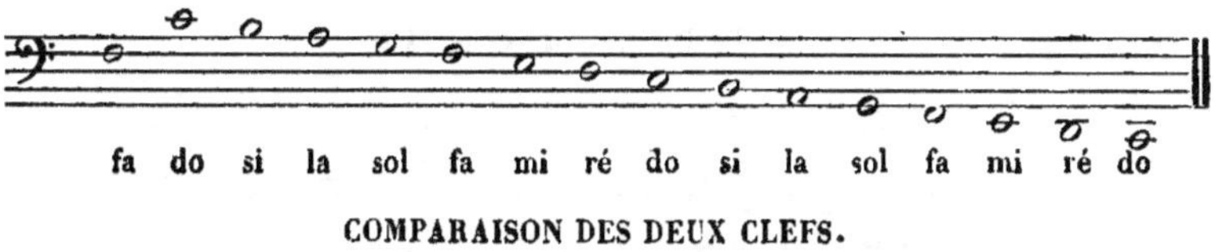

COMPARAISON DES DEUX CLEFS.

Avant de chanter sur la clef de *fa*, faites étudier et faites écrire même
à l'élève quelques notes, surtout quelques gammes, en mettant le nom
des notes au-dessus; faites-lui composer les gammes en *ut*, en *sol*, en *ré*,
en *fa*, en *si* ♭, ainsi que les relatifs, en lui faisant mettre les accidents
aux notes comme on l'a fait pour la clef de *sol*. Faites-lui aussi deviner
dans le solfége le nom des notes sur la clef de *fa*.

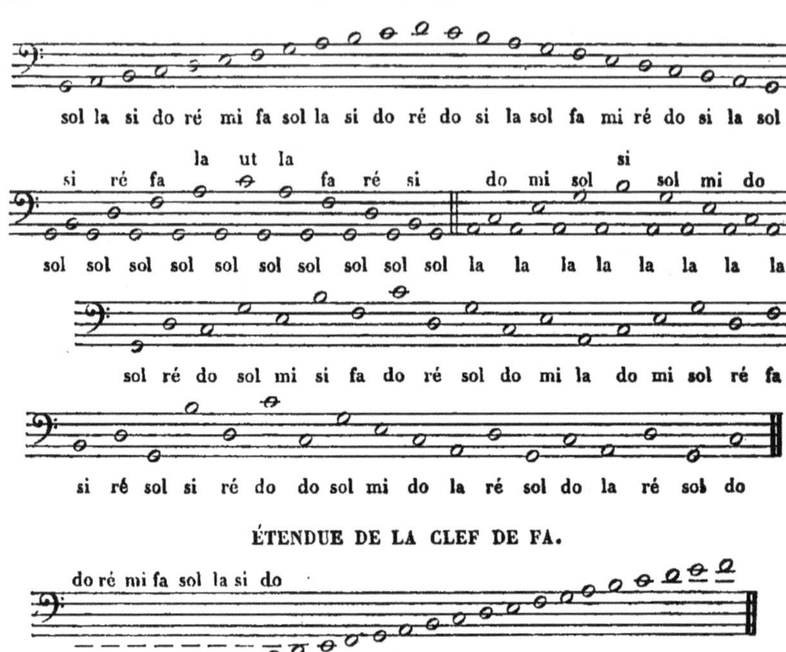

ÉTENDUE DE LA CLEF DE FA.

Cette étendue est celle du piano à six octaves et demie, mais les pianos à six octaves et moins ne descendent qu'au premier *fa*.

LEÇON POUR ÉTUDIER LA CLEF DE FA.

GAMME EN SOL MAJEUR.

Il ne faut pas perdre de vue que ce solfége est composé spécialement pour les enfants, et que pour atteindre ce but, j'ai été obligé de restreindre l'étendue des gammes pour ne pas forcer l'enfant à chanter au-delà du diapason naturel de sa voix.

(1) Cette liaison veut dire qu'il faut soutenir le son pendant les deux mesures sans répéter le nom de la note.

N° 59.

GAMME EN SOL MAJEUR.

Cette gamme est trop haute, ne la solfiez pas.

N° 60.

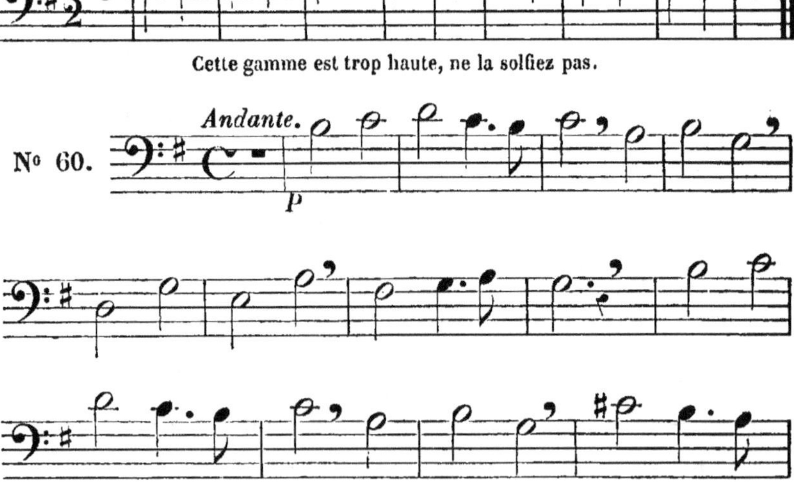

Faites dire deux fois cette leçon, la seconde fois à deux temps.

Lorsque l'élève comprendra passablement les notes de la clef de *fa*, faites-le étudier seul sur cette clef, comme vous avez dû le faire sur la clef de *sol* au nota de la page 34.

Voici le cas de faire bien étudier la mesure à trois temps. Voyez ce qui a été dit à l'article des mesures, page 23.

Andante.

Andante.
Nº 62.

A B C MUSICAL.

VARIATIONS.

De même qu'au n° 43.

GAMME DE FA MAJEUR.

De même qu'à la gamme en *sol*, elle n'est pas entière, pour ne pas faire chanter le jeune élève jusqu'au *fa*.

Il faut lui faire observer que le *si* doit être bémol pour obtenir le demi-ton de la médiante à la sous-dominante, qui veut dire de *la* à *si* ♭.

Faites écrire à votre élève quelques gammes dans ce ton, pour qu'il comprenne parfaitement.

Faites-lui comparer son travail sur le piano.

Exemple de la gamme de *fa* majeur sur la clef de *fa*.

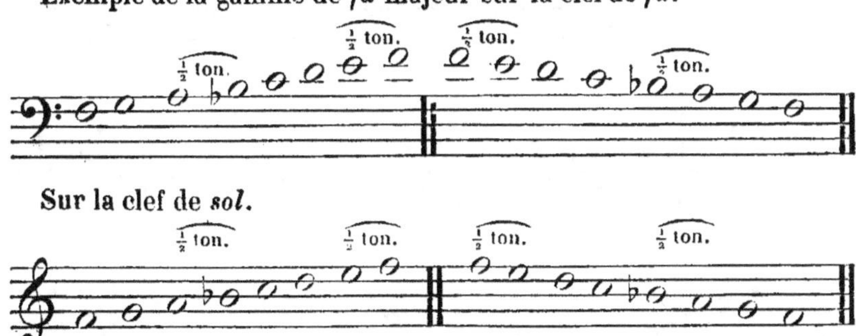

Sur la clef de *sol*.

Je ne saurais trop recommander aux professeurs de faire écrire ces

(1) Faites dire *un* à chaque soupir. De même qu'au n° 43.

gammes dans tous les tons, particulièrement dans les trois premiers tons majeurs, le ton d'*ut*, le ton de *sol* et le ton de *fa*.

Après ces trois tons, il faudra écrire les trois relatifs mineurs qui sont : *la* mineur, *mi* mineur et *ré* mineur, vous les ferez faire avec la sixte mineure, et la sixte majeure en montant. (Voyez la page 118).

GAMME EN MI MINEUR.

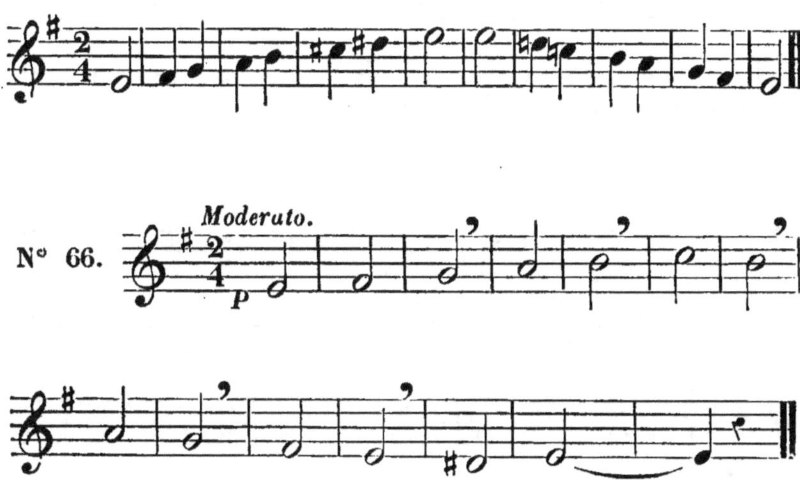

Faites observer à l'élève que du *mi* au *sol*, la tierce est mineure, puisqu'elle se compose d'un ton et d'un demi-ton.

N° 67.

Faites faire à l'élève, sur la gamme de *mi* mineur, le raisonnement qui s'appliquait à la gamme de *la* mineur.

VARIATIONS.

N° 68. THÈME.

De même qu'au n° 45. Faites solfier cette leçon aussi à deux temps.

GAMME EN RÉ MINEUR.

Même théorie et même raisonnement que pour la gamme en *la* mineur et en *mi* mineur.

(1) Ici j'ai pu faire solfier entièrement la gamme en *ré* mineur, puisqu'elle ne sort pas du diapason de la voix de l'enfant.

VARIATIONS.

N° 71.

Faites dire toutes ces variations.

Moderato.
Nº 72.
P

Moderato.

No 73.

Faites solfier toutes les variations.

Moderato.
N° 75.

Moderato.
Nº 76.
P
Nº 76.

DES REPRISES.

La conclusion d'un morceau ou d'une partie principale de ce morceau est indiquée par deux barres épaisses qui traversent la portée ; quand ces barres ont deux points à gauche, il faut recommencer ce qui précède ; quand ils sont à droite et à gauche , on exécute deux fois ce qui précède et ce qui suit. Dans le premier cas c'est une reprise simple, dans le second une reprise double.

Les reprises se rencontrent plus ordinairement dans les airs variés ; cependant on les emploie dans toute espèce de musique.

Souvent dans les reprises on met première fois ou deuxième fois ; voici le cas :

Dans ce cas, en premier lieu il faut exécuter la mesure marquée première fois ; en second lieu, on doit passer la mesure marquée première fois et exécuter celle qui est indiquée deuxième fois.

N° 79.
Allegretto.
P
P

DES GENRES.

Il y a trois genres : le diatonique, le chromatique et l'enharmonique. Le genre diatonique est le plus usité.

Genre chromatique.

Genre enharmonique.

On peut considérer l'enharmonie comme une synonymie de sons.

Faites comprendre à la vue du piano que ces deux notes sont les mêmes ; mais, selon le cas de la tonalité de la gamme, elles changent.

LEÇON POUR ÉTUDIER LA GAMME CHROMATIQUE.

Voyez l'article du chromatique, et appréciez bien la différence des deux espèces de demi-ton.

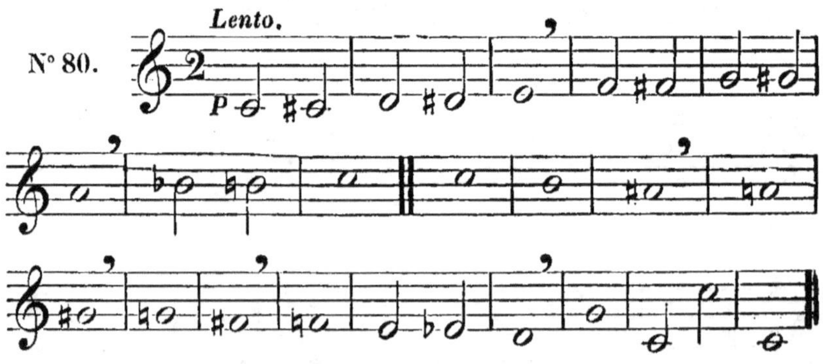

Attachez-vous à la justesse.

Chantez piano pour bien apprécier l'intonation.

LEÇON POUR APPRECIER LE GENRE ENHARMONIQUE.

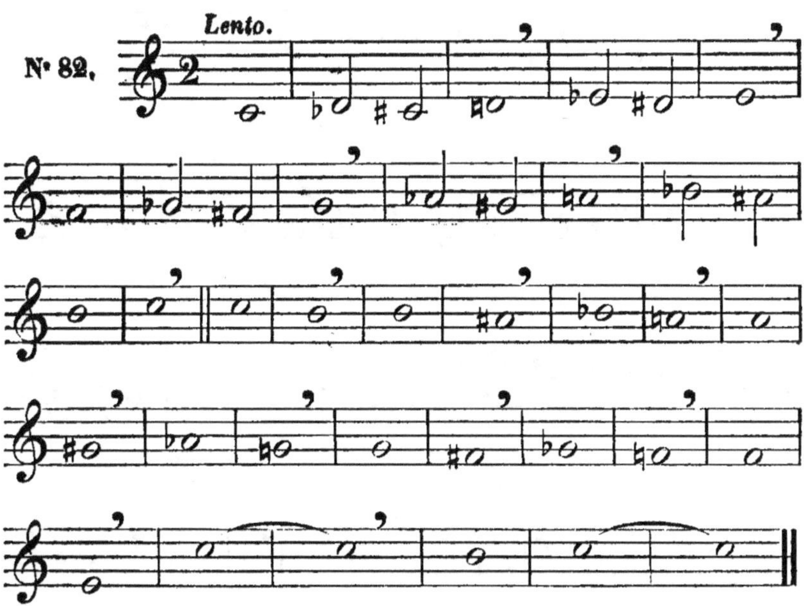

Pour prouver mathématiquement la différence qui existe entre *ré* bémol et *ut* dièse placés sur la même touche, il faudrait parler d'acoustique; au solfége on peut s'en passer; plus tard, en classe d'harmonie, l'élève fera bien de s'en rendre compte.

  A B C MUSICAL.

Leçon pour employer les silences dans la mesure à 4 temps ; de la pause, de la demi-pause et du soupir ; la pause vaut toute la mesure, la demi-pause deux temps, et le soupir un temps.

La même leçon que la précédente avec des valeurs et des silences diminués de moitié. Dans la mesure à $\frac{2}{4}$ la pause vaut la mesure, le soupir la demi-mesure, et le demi-soupir en vaut le quart.

Quelle que soit l'espèce de mesure, soit à 2, à 3 ou à 4 temps, la pause représente toujours le silence de la mesure.

A B C MUSICAL.

Allegro.

N° 85.

N° 85.

N° 86.

LEÇON A $\frac{3}{8}$.

Cherchez à habituer l'oreille de votre jeune élève à distinguer les sons du piano. Commencez par lui bien faire apprécier la note *do*, ensuite *do ré, do ré mi, do ré mi fa*, ainsi de suite toute la gamme diatonique. Partez toujours de la note *do*, ensuite vous ferez le contraire en descendant et plus tard vous vous occuperez des sons chromatiques. Je considère cet exercice comme très important; il faut pour cette étude une grande patience et une grande constance.

Lorsque vous aurez bien fait reconnaître les sons du piano, vous les ferez avec la voix

A B C MUSICAL.

LEÇON A $\frac{9}{8}$.

LEÇON A $\frac{9}{8}$

LEÇON A $\frac{12}{8}$.

Allegretto.
Nº 92.
p

N° 93.

Faites solfier cette leçon aussi à deux temps.

FIN DE L'A B C.

ABRÉVIATION D'UNE MÉTHODE DE VOCALISATION
A L'USAGE DES ENFANTS.

Vocaliser, c'est chanter sur une seule voyelle A ; dans la vocalisation, les notes doivent être articulées d'une manière égale et sans grimace, en ne remuant ni la langue ni le menton pendant l'émission du son.

On doit franchement attaquer les sons avec une pure justesse et sans traîner la voix d'un son à l'autre.

Je recommanderai surtout une parfaite égalité dans les gammes.

Pour exceller dans l'art du chant, il faut savoir respirer, c'est-à-dire posséder une longue respiration qu'on puisse gouverner à volonté.

L'acte de la respiration, et par conséquent l'action de chanter, se pratique mieux quand on est debout. Si l'élève chante sous la direction d'un maître, il devra se placer en face de lui, afin que celui-ci puisse observer tous les mouvements, et corriger jusqu'aux fautes de détail qui deviennent invincibles quand elles sont négligées dès l'origine.

On recommande surtout aux élèves de se tenir droits, d'effacer les épaules, afin que la poitrine bien ouverte place les poumons dans la position la plus favorable.

Il faut ouvrir la bouche sans affectation, laisser deviner un sourire sur les lèvres, et se garder en toute occasion de ces expressions exagérées dans le geste et dans l'effet. La langue doit tomber naturellement dans la bouche et toucher légèrement les dents.

Produire de beaux sons, les soutenir purs, égaux et justes, aussi longtemps que l'ampleur de la respiration le permet, tel est le fait d'un habile chanteur. Quand on sait chanter des sons égaux, on doit chercher ensuite à les nuancer. On commence habituellement du faible au fort et du fort au faible, sur le même son. Voici ce que l'on **nomme** filer des sons : une telle étude doit être faite avec beaucoup de soin.

Pour que le son soit ainsi modifié, on l'indique par ce signe ⟨═⟩

Lorsque le maître jugera que son élève pourra chanter des notes plus élevées que les exercices de cet abrégé, je lui conseillerai de prendre ma méthode de vocalisation, dans laquelle on trouvera tout ce qui peut manquer dans ce petit ouvrage.

DE LA MUE.

A cette époque, il s'opère chez l'homme une grande révolution, et le timbre vocal est complétement changé ; la voix, chez les garçons, perd ordinairement une octave. Durant ce temps critique, il faut prendre les plus grandes précautions pour que l'exercice du chant ne détermine pas un affaiblissement des organes vocaux, dont le développement se trouverait arrêté.

La mue s'opère de diverses manières : quelquefois la voix ne conserve plus qu'un très petit nombre de notes ; souvent même elle se perd entièrement, ou bien ses transformations sont aussi singulières qu'inattendues, et telle voix grave devient subitement aiguë *et vice versa*. C'est alors qu'il ne faut pas fatiguer l'élève, mais observer le travail de la nature jusqu'à ce que la voix ait pris un caractère fixe. Le professeur pourra essayer quelquefois les moyens de son élève, mais avec prudence et sans l'astreindre à un exercice régulier.

GAMME POUR BIEN POSER LA VOIX ET FILER LES SONS.

Chaque note pour une respiration. (¹)

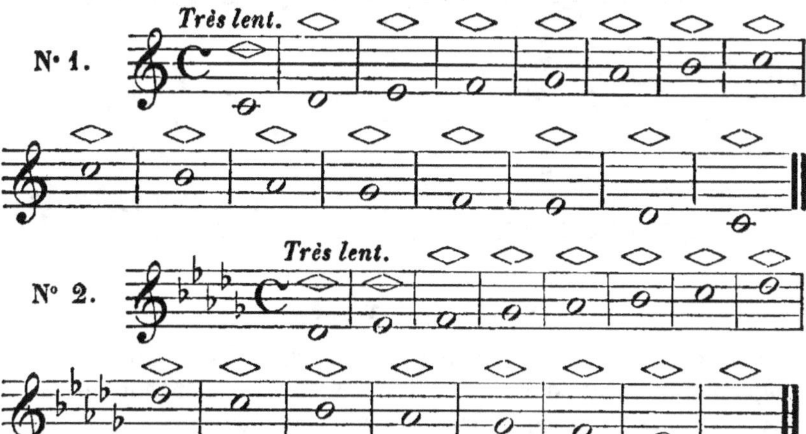

L'élève doit toujours chercher à apprécier le nom des notes qu'il vocalise, et pour cela, je l'engage à solfier tous ces exercices avant de les vocaliser.

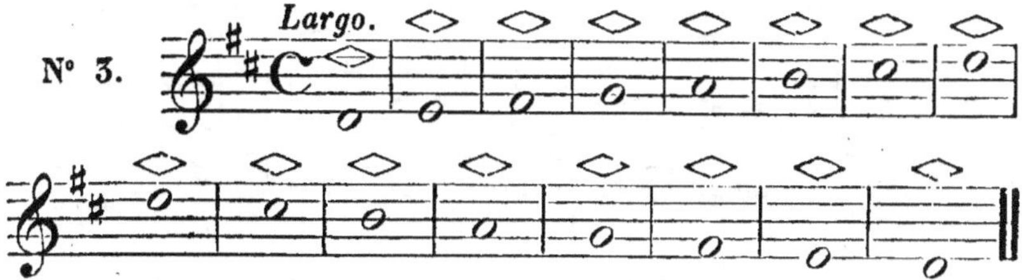

(1) Faites étudier ces gammes en sons égaux et en sons filés. Attachez-vous à une grande justesse.

EXERCICE DE SECONDES.

Deux notes pour une respiration.

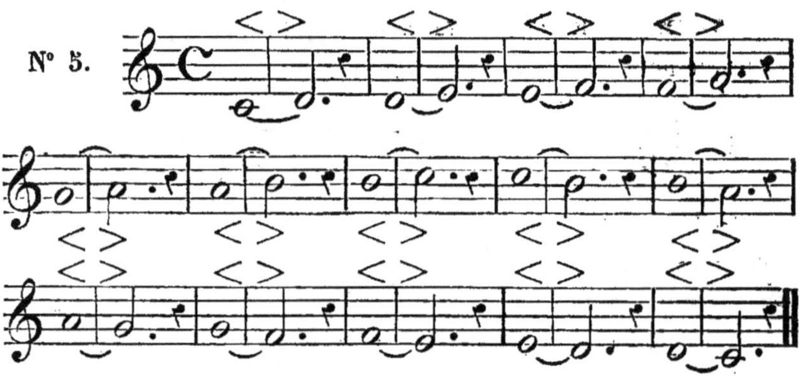

EXERCICE EN TIERCES.

Vous devez étudier cet exercice de deux manières : la première, en attaquant toutes les notes, et la seconde, en les coulant comme elles sont écrites ; travaillez davantage la seconde manière.

Évitez, en attaquant les notes, qu'elles ne partent du larynx ; mais soutenez-les par la force de poitrine.

Commencez tous ces exercices lentement, et arrivez progressivement au vite.

EXERCICES EN QUARTES.

Tous ces exercices très coulés.

EXERCICES EN QUINTES.

Il faut faire ces exercices selon l'étendue de la voix.

EXERCICES EN SIXTES.

EXERCICES EN SEPTIÈMES.

Lorsque vous craignez une note basse, appuyez-la davantage. Défiez-vous de la sensible.

EXERCICES EN OCTAVES.

29.

Etudiez ces trois mesures dans tous les tons.

Selon l'ampleur de la respiration de l'élève, le professeur calculera combien de mesures il peut chanter sans respirer. L'élève s'appliquera à prendre sans peine la meilleure respiration, et, selon ses facultés, il fera autant de mesures qu'il le pourra en commençant toutefois par une seule. Lorsqu'il sera parvenu à chanter cet exercice d'une seule respiration, il aura obtenu d'excellents résultats.

N° 30.

Je recommande expressément à l'élève de bien savoir par cœur les accompagnements de ces gammes pour pouvoir étudier seul.

N° 31.

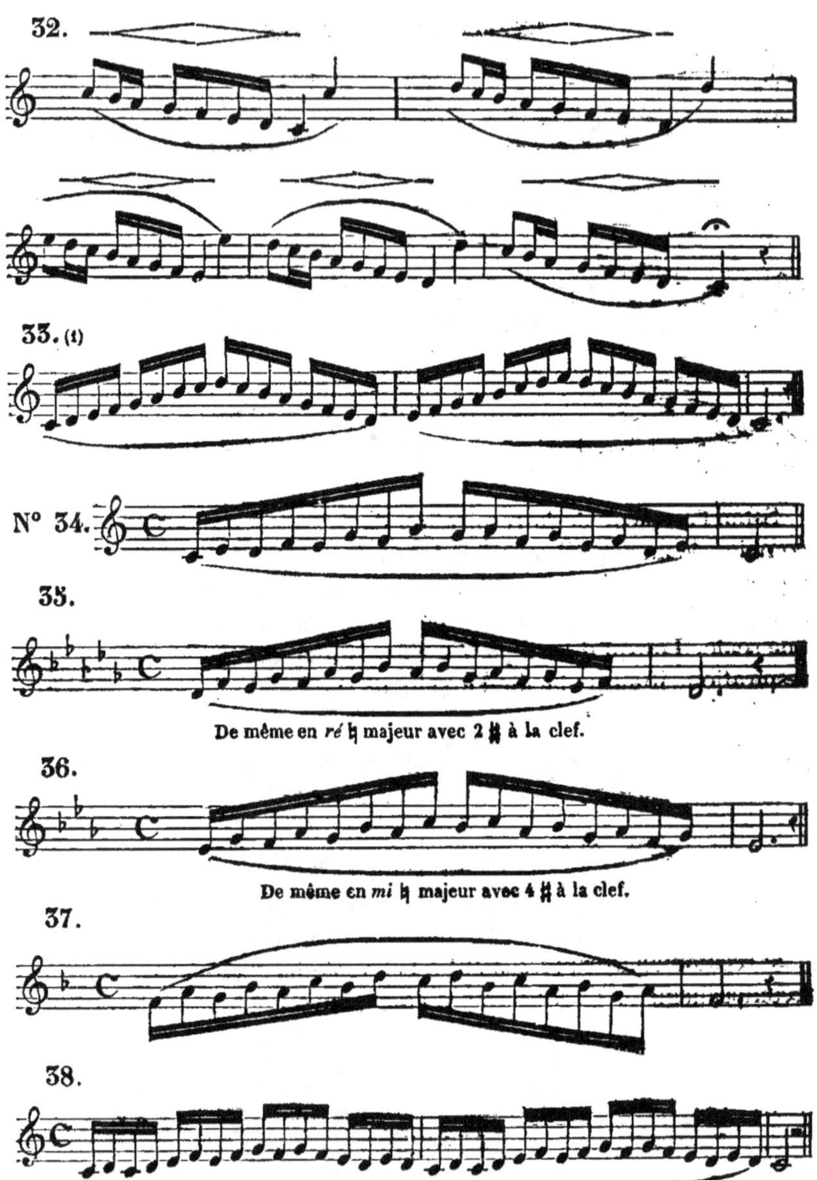

(1) Il faut parvenir à faire cet exercice sans respirer et même si cela se peut deux fois de suite.

39.

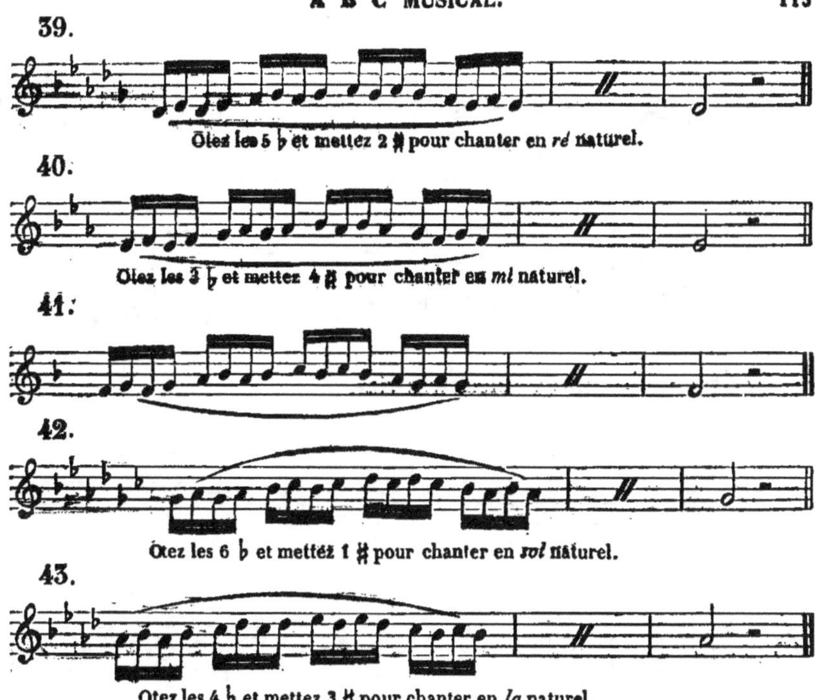

NOTA. Vous remarquerez que, pour hausser le ton d'un demi-ton chromatique, il faut changer sept accidents; que pour hausser d'un demi-ton diatonique, il ne faut en changer que cinq. Exemple, d'*ut* en *ut* dièse, vous mettez *sept dièses*, et d'*ut* en *ré* bémol vous mettez *cinq bémols*, de même dans tous les autres tons.

Faites étudier ces exercices à l'élève en le faisant tenir debout et en s'accompagnant de la main droite.

46.

Arrivez à faire ces exercices très vite.

N° 47.

48.

49.

50.

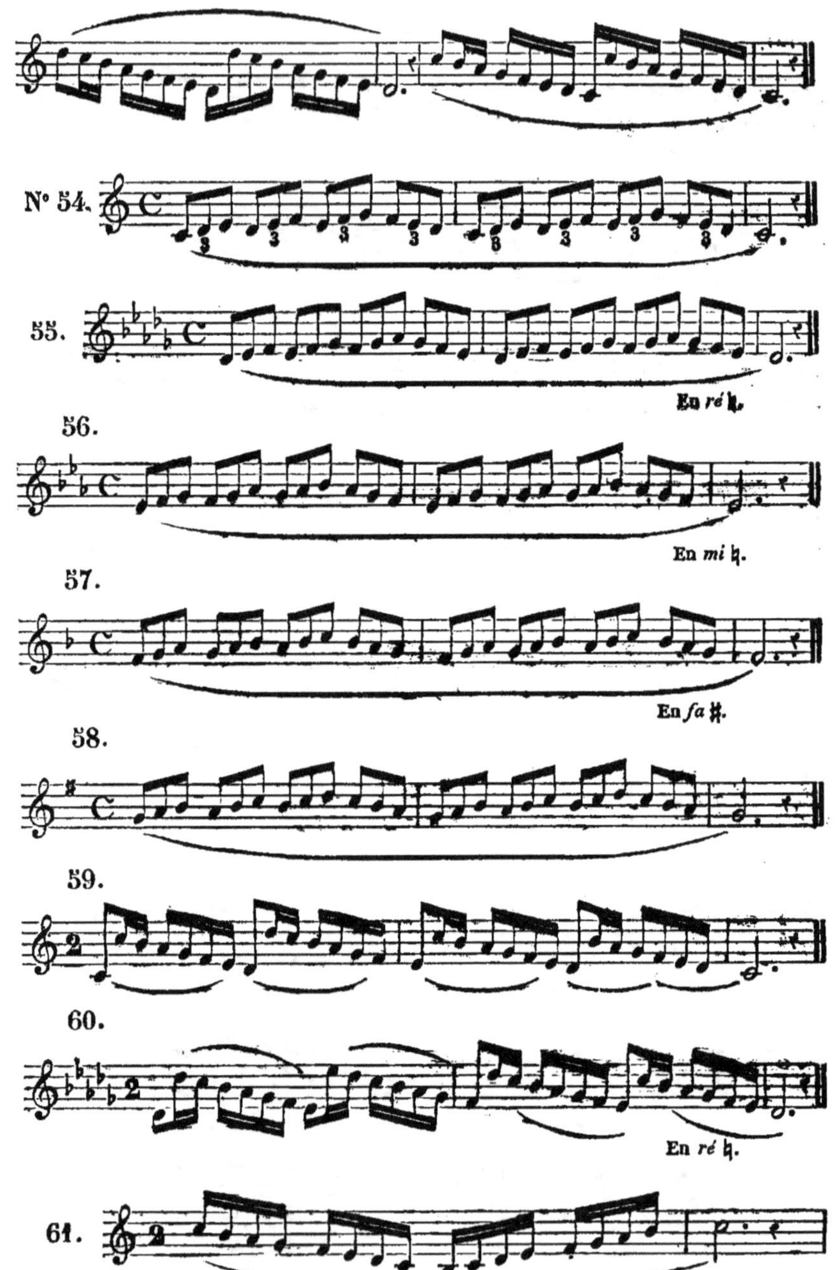

Nº 54.
55.
56.
En ré ♮.
57.
En mi ♮.
58.
En fa ♯.
59.
60.
En ré ♮.
61.

62. Bien coulé.

63.

Comme je procède ordinairement par le chromatique, je ne saurais trop recommander à l'accompagnateur de bien établir le ton par quelques accords.

Voyez le moyen dont je me sers habituellement; page 126 grande édition.

64.

LA GAMME EN MODE MINEUR.

65.

Il faudra commencer à étudier ces gammes mineures bien lentement, car elles offrent des intervalles très difficiles : le demi-ton de la cinquième note à la sixième, et surtout l'intervalle de seconde augmentée de la sixième à la septième note. Je recommande particulièrement ce dernier intervalle comme très difficile. On peut aussi, après cette étude, faire la gamme mineure de cette manière.

Exemple :

66.

Il faudra faire cette gamme de même dans tous les tons.

FORMULES DE CADENCES PARFAITES EN SOL.

EXERCICES

pour les élèves qui éprouvent quelque difficulté à chanter les seconds dessus
ou les parties intermédiaires.

Chantez cette gamme dans tous les tons. Commencez par la solfier
et ensuite vocalisez-la.

On ne peut pas dire que les élèves qui ont le défaut de suivre la
partie supérieure, manquent d'oreille, puisqu'au contraire ils sont
doués d'une ouïe tellement sensible, qu'ils écoutent davantage la partie
mélodique, ce qui fait qu'ils n'entendent plus ce qu'ils exécutent. L'habitude de chanter cette sorte de musique d'ensemble doit corriger ce
défaut.

L'élève doit faire souvent des gammes à deux voix, en tierces et en
sixtes; il devra chanter la tierce en dessous dans tous les tons; puis
chanter des petits duos mélodiques, tels que les nocturnes d'AZIOLI,
de BLANGINI, et les miens, etc. Je l'engagerai à chanter avec toutes les
espèces de voix : Soprano, Ténor et Basse-taille; je lui recommande
aussi de s'exercer sur les 2ᵉ, les 3ᵉ et les 4ᵉ parties de mes chœurs, in-
titulées : *Récréations vocales.*

On peut chanter cet exercice à deux voix.

70.   **71.**   **72.**

QUELQUES GAMMES POUR ÉTUDIER A DEUX VOIX.

73.   *Bien coulé.*   **74.**

1er Soprano.

2e Soprano.

75.

76.

77.   **78.**

VOCALISE.

Métronome de Maelzel. N° 87 = ♩.

N° 79.

(1) Les Virgules indiquent les respirations. Solfiez la leçon avant de la vocaliser. Les élèves qui ont une longue respiration pourront ne respirer que toutes les 4 mesures.

Métr. 92 = ♩.   VOCALISE.

Andantino, sempre legato.

N° 80.

FIN.

J'engagerai l'élève qui solfiera bien ce petit solfège, d'étudier après, la *Suite de l'A B C Musical* qu'il trouveront chez tous les éditeurs de musique.

DU MOUVEMENT ET DES NUANCES.

Le mouvement est le degré de vitesse ou de lenteur que l'on veut donner à la mesure du morceau que l'on doit exécuter. Les nuances sont le degré de force ou de faiblesse que l'on doit donner aux sons.

INDICATIONS DES MOUVEMENTS.

LARGO.	Large et sévère.
LENTO.	Lent.
SOSTENUTO.	Mouvement soutenu.
LARGHETTO.	Largement.
ADAGIO.	Lentement avec âme.
MAESTOSO.	Majestueusement.
AFFETTUOSO.	Affectueux.
CANTABILE.	Chanter avec goût.
TEMPO DI MINUETTO.	Temps de menuet.
TEMPO DI MARCIA.	Temps de marche.
ANDANTE. *ou* AND^te.	Allant, mouvement gracieux.
ANDANTINO. AND^tino[1].	Un peu moins lent.
TEMPO GIUSTO.	Temps juste, ni trop vite, ni trop lent.
MODERATO.	Modérément.
GRAZIOSO.	Gracieusement.
ALLEGRETTO. *ou* ALL^tto.	Presque gai, pas trop vite.
ALLEGRO. ALL°.	Gai, animé.
CON BRIO.	Avec du brillant.
SCHERZANDO.	Légèrement, en jouant, badinant.
AGITATO.	Agité.
VIVACE.	Avec vivacité.
PRESTO.	Très vite.
PRESTISSIMO.	Extrêmement vite.

INDICATIONS ADDITIONNELLES AUX MOUVEMENTS.

CON ESPRESSIONE.	Avec expression.
DOLOROSO.	Avec douleur.
COMODO.	Commodément.
NON TROPPO.	Pas trop.
QUASI.	Quasi, presque.
BRIOSO.	Vif, agile.
MOSSO.	Mouvement animé.
CON MOTO.	Avec mouvement.
MOLTO.	Beaucoup.
ASSAI.	Plus vif que le précédent.

(1) Quelques personnes considèrent à tort l'*Andantino* comme plus lent que l'*Andante*.

INDICATIONS DE NUANCE ET D'EXPRESSION.

PIANO.	*ou* P.	Faible, doux.
PIANISSIMO.	PP.	Extrêmement doux.
Trois P.	PPP.	Le plus doux possible.
DOLCE.	Dol.	Doux.
FORTE.	F.	Fort.
FORTISSIMO.	FF.	Très fort.
Trois F.	FFF.	Le plus fort possible.
MEZZO FORTE.	mF.	Demi-fort.
SFORZATO.	sFz.	Forcé subitement.
RINFORZANDO.	Rinf.	En renforçant.
CRESCENDO.	Cres.	En augmentant la force.
DECRESCENDO.	Decresc.	En diminuant la force.
DIMINUENDO.	Dim.	En diminuant la force.
SMORZANDO.	Smorz.	En éteignant.
MORENDO.	Moren.	En mourant.
LEGATO.	Leg.	Lié.
STACCATO.	Stacc.	Détaché.
PORTAMENTO.	Port.	En portant le son.
RITARDENDO.	Ritard.	En retardant.
RALLENTANDO.	Rall.	En ralentissant.
RITENUTO.	Rit.	Retenu.
STRINGENDO.	String.	En serrant.
ACCELERANDO.	Accel.	En accélérant.
A TEMPO.	Tempo primo.	Premier mouvement.
ESPRESSIVO.	Espress.	Expressif.
LEGGIERO.	Legg.	Léger.
CON ANIMA.		Avec âme.
CON SPIRITO.		Avec esprit.
CON GRAZIA.		Avec grâce.
CON GUSTO.		Avec goût.
CON DELICATEZZA.		Avec délicatesse.
CON ALLEGREZZA.		Avec joie et allégresse.
CON FUOCO.		Avec feu.
CALDANDO.		En échauffant.
CON CALORE.		Avec chaleur.
CALANDO.		En diminuant.
CON FORZA.		Avec force.
ANIMATO.		Animé.
BEN MARCATO.		Bien marqué.
AD LIBITUM.		A volonté.
A PIACERE.		A plaisir.
POCO A POCO.		Peu à peu.

TABLE DES MATIÈRES.

FIN DE LA TABLE.